La Habana
de mi corazón

La Habana de mi corazón

75 Años de Fotografía Cubana

editado por
Gareth Jenkins

A mis padres

Título original: Havana in My Heart

Portada fotografía: Osvaldo Salas

Copyright © MQ Publications Limited 2002
Copyright del texto © Gareth Jenkins 2002
Traducción al español: Santiago Pujol (La Habana)
DISEÑO: Balley Design Associates

Primera edición publicado en Great Britain por
MQ Publications Limited
12 The Ivories, 6–8 Northampton Street
London, N1 2HY England

Primera E.E.U.U. edicíon publicado por
Chicago Review Press, Incorporated
814 N. Franklin Street
Chicago, Illinois 60610

ISBN: 1-55652-453-6

1 3 5 7 9 0 8 6 4 2

Todos los derechos reservados. Ninguna parte de esta publicación puede ser reproducida o transmitida de ninguna forma o por ningún medio, electrónico y mecánico, incluyendo fotocopia, grabación, o cualquier sistema de almacenamiento y recuperación de información, actualmente conocido o por inventarse, sin la debida autorización por escrito de los editores.

Impreso y encuadernado en China

Reconocimientos

Muchas personas contribuyeron con su visión y experiencia a hacer posible este libro. Quiero agradecer particularmente a Zaro Weil y Ljiljana Ortolja-Baird, de MQ Publications, por su aliento y por transformar en este bello libro la materia prima que recibieron.

He contado con el apoyo y la inspiración de muchas personas e instituciones en Cuba. Casa de las Américas, la Fototeca Nacional de Cuba, la Biblioteca Nacional de Cuba, la revista Bohemia y Prensa Latina, abrazaron sinceramente este proyecto, como también lo hizo la agencia de derechos ADAVIS. Hilda Barrio (investigadora), Guillermo Bello (fotógrafo), Marilyn Sampera (especialista en arte) y Jorge Dalton (cineasta y escritor) ayudaron a conformar la concepción del libro.

La búsqueda de imágenes la realizó con gran tenacidad Hilda Barrio, quien también proporcionó los antecedentes de muchas fotos.

contenido

introducción 6
escenas callejeras 12
revolución 66
cotidiano y ritual 124
personalidades y artistas 158
fotógrafos 190
índice 192

...Qué sería de mí si no existieras, mi ciudad de La Habana.
Si no existieras, mi ciudad de sueño en claridad y espuma edificada,
qué sería de mí sin tus portales, tus columnas, tus besos, tus ventanas.
Cuando estaba por el mundo ibas conmigo,
eras una canción en mi garganta,
un poco de tu azul en mi camisa, un amuleto contra la nostalgia.

FAYAD JAMIS, de "ABRÍ LA PUERTA DE HIERRO"

Ruinosa, luchando, pero magnífica y rebosante de vida, La Habana sigue lanzando su hechizo. Ciudad de energía contagiosa que fuera ya próspero centro comercial cuando todavía Nueva York pasaba inadvertida, ciudad que ha absorbido muchas culturas diversas y que ha presenciado largos levantamientos políticos y sociales.

Este retrato de La Habana toma los años cincuenta como punto de partida, con una mirada atrás a los primeros años del siglo. Empieza, por tanto, en los años en que la crápula construía casinos, hoteles y clubes nocturnos, los años en que La Habana era sala de juego de ricos y famosos. Los visitantes de esos años se deleitaron con los ritmos musicales y los bailes que encontraron, ya descubiertos por Tin Pan Alley y Hollywood.

Pero los *Habaneros*, los residentes de La Habana, siempre han estado atentos a las últimas tendencias y desde hace tiempo tienen fama de listos e ingeniosos. Cuba fue el cuarto país del mundo en introducir las locomotoras de vapor hace más de ciento cincuenta años. Su primer cine se abrió en el viejo teatro Payret de La Habana en 1897, un año después que los hermanos Lumière mostraran sus primeras películas en París. El automóvil de motor se introdujo prontamente en Cuba y con éxito, al punto que hace setenta años La Habana tenía más autos per cápita que Nueva York. Aun así, La Habana conservó un único encanto producto de la mezcla de culturas diferentes, en la exuberancia sensual del Caribe, atenuado por el conocimiento de las últimas modas de América y Europa.

La Habana actual se conforma, física y emotivamente, por el Malecón, largo muro marino que se curva alrededor de la ciudad desde el puerto al este hasta el río Almendares en el oeste, una boca que abre su gran sonrisa al océano. Es uno de los paseos frente al mar más largos del mundo, que se extiende por más de siete millas. Los habaneros aman su Malecón, donde pasan horas deambulando, charlando y mirando fijamente el mar.

El Malecón se construyó más por razones estéticas y de salud pública que como ayuda al tráfico, pero trajo como consecuencia abrir el desarrollo de la ciudad a lo largo de su orilla occidental. Se terminó hacia 1950 cuando las clases medias cubanas, que empezaron a mudarse de las partes más viejas de la ciudad a finales del siglo diecinueve, habían construido barrios nuevos con nombres evocadores como El Vedado, Miramar, Kohly, Marianao, Cubanacán y Siboney.

Poco después, la expansión de la ciudad se detuvo abruptamente por la Revolución de 1959, dirigida por Fidel Castro. Gran parte de las clases medias, mayormente concentradas en La Habana, sintió que no tenía ya lugar en esta nueva Cuba y abandonó el país. Bien pronto el nuevo gobierno acordó que La Habana había concentrado suficientes recursos de la nación y trató de reajustar el equilibrio distribuyendo las nuevas construcciones por el resto de la isla, abundante en zonas de extrema pobreza. El ritmo de deterioro de la ciudad aumentó en estos años.

Los primeros pasos para restaurar La Habana Vieja se dieron en los años setenta, pero aunque se puso en práctica un plan en 1981, el progreso era lento. Cuando la URSS desapareció, diez años después, Cuba se vio obligada a volver al turismo y la inversión extranjera para traer dinero al país. Esto dio un nuevo ímpetu a la restauración en La Habana Vieja. Nuevos hoteles y restaurantes abrieron y otras partes de la ciudad comenzaron a recuperar su orgullo perdido.

La reciente apertura de Cuba al turismo, la moda de los puros y un interés reanimado por la música cubana bailable, han atraído a fotógrafos extranjeros a La Habana. Estos fotógrafos, con sus imágenes, han creado nuevos clichés de la vida habanera, La Habana del turista: jóvenes exprimidas por shorts de *lycra*, viejas fumando puros, autos americanos de los cincuenta deteriorados, los exuberantes ritos religiosos de la Santería, el esplendor andrajoso de las calles de La Habana Vieja.

Esta Habana turística es, por supuesto, real, pero es una visión selectiva de la abundancia de la ciudad. Hay muchas otras Habanas, mundos donde la compleja vida emocional de la ciudad se vive entre reliquias y tótems de una rica herencia cultural.

La Habana es un bosque de columnas, dóricas, corintias, jónicas y de otros estilos. Con ellas se forman largos portales que ofrecen protección del sol y de la lluvia. Durante años, un estilo barroco dominó la ciudad, como resultado de la mezcla de diferentes grupos de inmigrantes con sus estéticas contrastantes.

El desarrollo de la identidad cultural cubana reflejó este proceso arquitectónico ecléctico que permanece abierto para asimilar nuevas influencias. Inmigrantes españoles de Galicia y las Islas Canarias, africanos del Congo y chinos, aportaron sus propios elementos culturales, al igual que otros grupos más pequeños de inmigrantes. Quizás este eclecticismo explique por qué los edificios modernos más angulares se han integrado tan bien en el paisaje de La Habana.

Todas las fotografías de este libro fueron tomadas por fotógrafos cubanos. Algunas datan de los primeros años del siglo pasado, cuando La Habana estaba saliendo del carapacho de la ciudad amurallada original. Pero la mayoría de ellas fueron hechas por fotógrafos que han trabajado en La Habana durante los últimos cincuenta años. Éstas incluyen a fotógrafos reconocidos internacionalmente—como Osvaldo Salas, Constantino Arias, Raúl Corrales y Alberto Korda. Todo su trabajo es en blanco y negro, un recordatorio del aislamiento impuesto a Cuba por el embargo de EE.UU. que hizo casi inasequibles la película y los procesos en colores durante cuarenta años. Como dijo Alberto Korda: "Para mí, la fotografía cubana es realismo en blanco y negro y no debido a las conexiones con los soviéticos. El abandono del color por los cubanos se debe generalmente a razones prácticas. Aquí no tenemos ningún laboratorio de verdad, ni posibilidades de usar Cibachrome... es una pena. Estamos aislados y obligados a mirar nuestra cultura, que es en colores, a través de los ojos de nuestros primos extranjeros".

abajo: TITO ALVAREZ, *Fotógrafos callejeros,* **1976**

Los fotógrafos callejeros abundaban en el área del Parque Central alrededor de 1930, en los tiempos en que se terminó la construcción del Capitolio. Sus cámaras se conocieron como las "polaroids criollas".

Hacia los años cuarenta y cincuenta, la fotografía era una pasión en La Habana. Los fanáticos de la fotografía se reunían regularmente en la tienda *El Encanto* y se agruparon para formar el Club Fotográfico. Éste creció hasta tener unos trescientos miembros activos, publicó el *Boletín Fotográfico* y más tarde la revista *Foto-Cine*.

La fotografía comercial también se desarrolló en este período. Es en este momento que el joven Alberto Díaz toma el nombre profesional Korda y establece en 1954 los Estudios Korda, especializándose en trabajos para las agencias de publicidad que se crearon en Cuba a principios de los cincuenta.

Otro grupo de fotógrafos que fueron luego famosos se reunió alrededor de la Cuba-Sono-Films, una agencia perteneciente al Partido Socialista Popular. Este grupo incluía a José Tabío, Raúl Corrales y Miguel Viñas, quienes hicieron películas y reportajes de tema social que se mostraban en reuniones del partido.

Desde el principio, la Revolución de 1959 atrajo el interés de fotógrafos cubanos de toda la isla, profesionales y aficionados por igual. La fotografía se convirtió en el modo más directo por el cual la Revolución se conoció alrededor del mundo. Se publicaron periódicos y revistas en tiradas mucho mayores que nunca antes, portando a menudo fotos que ocupaban páginas completas.

Durante la Crisis de los Misiles en octubre de 1962, los Estados Unidos declararon un bloqueo naval a la isla y los cubanos vivieron sus años más difíciles, sólo comparables con el principio de los noventa luego del derrumbe de la Unión Soviética. Aun así, los fotógrafos cubanos siguieron exhibiendo en galerías a lo largo de la isla y en exposiciones internacionales.

En los tres primeros años de la Revolución, los fotógrafos centraron su interés en los cambios políticos más directos que estaban ocurriendo y en la resistencia militar a los ataques de Estados Unidos—especialmente la fallida invasión a Playa Girón (Bahía de Cochinos) en 1961—y de grupos de contrarrevolucionarios concentrados en las montañas del Escambray.

Después, se abrió un espacio a los intereses culturales más amplios. Los fotógrafos cubanos descubrieron aspectos de su cultura que habían estado ocultos de la vista pública, especialmente de la cultura afrocubana y la religión. Los fotógrafos empezaron a mostrar más interés en capturar lo cotidiano, la vida de los barrios locales, las cuarterías, las fábricas y el humor de la vida diaria.

El centro cultural Casa de las Américas organizó la Primera Exposición de Cultura Cubana en 1966, que fue seguida por el Salón 70 en el Museo Nacional de Bellas Artes en 1970. La fotografía cubana fue mucho más reconocida internacionalmente en 1978 gracias a una exposición organizada en Ciudad de México por el Consejo de Fotografía Mexicano. Para muchos fotógrafos cubanos de la generación más joven ésta fue la primera oportunidad de participar en un evento extranjero de ese nivel y se dieron cuenta de lo que se había logrado y de lo que se podría lograr en el futuro.

La mayoría de los fotógrafos cubanos vive y trabaja día a día en esta notable ciudad de contrastes. La gente de La Habana, sus edificios, su energía, su apertura en un amplio abrazo del mar—son temas presentes en gran parte de la fotografía cubana.

Cuba es un país que ha experimentado cambios dramáticos, tanto dolorosos como estimulantes, desde la Revolución de 1959. Esta revolución ha producido una abundancia de imágenes memorables que se hicieron conocidas en todo el mundo más por la fotografía que por las redes internacionales de televisión: es una revolución extremadamente fotogénica.

Y todavía la vida diaria ha mantenido una continuidad que nace en la experiencia de las primeras generaciones y continúa incorporando tradiciones sociales, culturales y religiosas que tienen sus raíces profundas en la mentalidad cubana. Los buenos fotógrafos entienden esto, y a través de las imágenes que escogen y de la manera en que escogen presentarlas, proporcionan una valiosa clave para entender la vida de un pueblo dinámico. El retrato fotográfico de La Habana que ahora resulta es un tributo a aquellos artistas que un día escogieron trabajar con el lente de una cámara.

• EL ANÁLISIS DE LA HISTORIA DE LA FOTOGRAFÍA CUBANA SE BASA EN UNA MONOGRAFÍA ESCRITA POR LA FOTÓGRAFA CUBANA MARÍA EUGENIA HAYA (MARUCHA).

capítulo**uno**

escenas callejeras

> ... la calle estaba envuelta en charlas y risas.
> Los hombres se encontraron con las mujeres,
> las besaron en la mejilla, hablaron, siguieron.
>
> MARTHA GELLHORN

escenas callejeras

Mirar a la gente en las calles de La Habana es una ocupación seria. La gente sale de su casa para escapar del calor y pasa el tiempo en animada conversación. Se tocan, se besan, se miran. La cercanía y el contacto físico son esenciales en la cultura cubana e incluso tienen su nombre—*cubaneo*.

La gente se organiza en colas sin saber qué se está vendiendo. Pero no importa, porque entran en conversación, se ríen, discuten, intercambian chismes, y cuando llegan a la cabeza de la cola ya están preparados porque llevan siempre consigo su *jaba*, su bolsa de hoja de palma que llenan a lo largo del día.

Cualquier cosa puede pasar en una calle de La Habana. Muchachos que van de pesquería con una cámara de camión inflada más grande que ellos. Un músico lleva en su bicicleta un contrabajo montado en la parrilla trasera. Mujeres que cuelgan ropa de un balcón para secarla, o una bandera de una ventana. Niños, amantes, viejas parejas deambulan por el Malecón. Un grupo de ancianos hace ejercicios matutinos en un parque. Cerca, otros ancianos juegan dominó.

Cada día es una lucha para poner comida en la mesa, mantener andando una bicicleta o un carro y hacer reparaciones domésticas. Pero la gente tiene tiempo para los demás y mediante redes complejas apoyan a familiares y amigos. Los chismes no son solo chismes; refuerzan las redes y pasan información que será útil a alguien.

Ha sido notable durante los últimos años testimoniar el renacimiento de la ciudad vieja. Muchos imaginan que la negligencia y el abandono datan de la revolución de 1959, pero de hecho, el proceso empezó un siglo antes.

También imaginan que la restauración es financiada de algún modo por las Naciones Unidas o por inversionistas extranjeros. De ningún modo. La Habana Vieja es un ejemplo notable de regeneración interna de la ciudad, financiada por nuevos hoteles, restaurantes, bares y tiendas que generan los fondos para que el trabajo siga adelante. Entretanto, la población local permanece, y los niños asisten a clase en los museos y palacios restaurados.

Otras partes menos favorecidas de la ciudad siguen abandonadas y superpobladas, con personas que viven en condiciones insuficientes. Hasta ahora, La Habana ha escapado del destino de otras grandes ciudades latinoamericanas con sus villas-miseria, niños descalzos y extenso analfabetismo. La Habana, con todos sus problemas, es una ciudad de esperanza, risas, bondad humana y la sorpresa de lo inesperado.

página anterior: MIGUEL VIÑAS, *Malecón*, 1983

Yo soy un hombre sincero
De donde crece la palma
Y antes de morirme quiero
Echar mis versos del alma

JOSÉ MARTÍ, de "VERSOS SENCILLOS"

derecha: OSVALDO SALAS, *Casa natal de José Martí,* **1974**

Nacido en esta casa en 1853, José Martí fue un escritor y poeta sensible y prolífico que consagró toda su vida a lograr la independencia de Cuba del yugo español. Fue el organizador principal de las fuerzas que iniciaron la guerra decisiva contra los españoles el 29 de enero de 1895. A pesar de tener poca salud, volvió a Cuba del exilio en Nueva York para unirse a las guerrillas que luchaban contra los españoles en el este de la isla. Fue muerto en combate pocas semanas después, montando un caballo blanco. Martí es conocido en Cuba como el Apóstol y como el Héroe Nacional de Cuba. Los revolucionarios que tomaron el poder en 1959 se inspiraron en su pensamiento político y en su ejemplo personal.

escenas callejeras

izquierda: **LUIS FERNÁNDEZ (PIROLE)**, *El gordo,* **1984**

Dice un chiste que el cuerpo de un cubano se compone de cabeza, tronco, extremidades… y *jaba*. La jaba no es más que una bolsa hecha de hojas de palma que acompaña al cubano dondequiera que vaya. A lo largo del día lo puede llenar con lo que encuentre en el camino.

abajo: **ISABEL SIERRA**, *El Chino,* **1985**

Los inmigrantes chinos comenzaron a llegar a Cuba a mediados del siglo diecinueve, para trabajar en la construcción de vías férreas y en el campo.

arriba: **CELSO RODRÍGUEZ,** *Balcón con sábanas,* 1994

La Habana puede estar desmoronándose, pero es única en haber escapado de los daños del replanteamiento sufrido por ciudades viejas de Europa y las Américas a lo largo de la segunda mitad del siglo 20. El interés por construir infraestructuras fuera de la capital preservó a La Habana con todo su esplendor deteriorado.

derecha: **SERGIO ROMERO,** *Balcón de La Habana Vieja,* 1985

escenas callejeras

Tengo, vamos a ver,
que siendo un negro
nadie me puede detener
a la puerta de un dancing o de un bar.

O bien en la carpeta de un hotel
gritarme que no hay pieza,
una mínima pieza y no una pieza colosal,
una pequeña pieza donde yo pueda descansar.

NICOLÁS GUILLÉN, de "TENGO"

izquierda: CONSTANTINO ARIAS, *Cuartería,* **1950**

Toda gran ciudad latinoamericana tiene barrios superpoblados como La Habana Vieja. Las piezas en estos edificios a menudo tienen entresuelos, *barbacoas*, para acomodar a parientes adicionales, resultando que su estructura esté a menudo sobrecargada y en peligro de derrumbe.

página siguiente: SERGIO ROMERO, *Niño,* **1986**

derecha: SERGIO ROMERO, *Ventanas con banderas,* **1987**

¿Por qué Cuba está tan llena de símbolos potentes? Imágenes de la Revolución que uno puede entender. Las guerrillas heroicas o diabólicas—según el punto de vista—que entraron en La Habana triunfalmente procedentes de las lomas de la Sierra Maestra, encarnaron la energía y el temple de la juventud. Camilo Cienfuegos, Che Guevara y Fidel Castro se convirtieron rápidamente en iconos en Cuba y en todo el mundo. Hoy la imagen del Che se codicia más que nunca por aquellos que ven en él un puro y noble ideal, y por los que comercializan desde vodka hasta camisetas.

Pero la iconografía va mucho más al fondo. Viejos autos americanos, tambaleándose por las calles de La Habana, que se mantienen gracias a una extraña alquimia; mujeres corpulentas y viejos arrugados fumando puros frente a los solares; el faro del Morro que cuida la entrada a la Bahía de La Habana; el muro del Malecón que se encorva sinuosamente alrededor de la ciudad, cuidándola de no caerse en la Corriente del Golfo; edificios neoclásicos que andan codo con codo con la arquitectura colonial española, el *art déco* con austeros bloques de apartamentos modernistas de los cincuenta. Bajo el sol tropical suavizado por brisas marinas saladas, cargadas con vida por las sonrisas contagiosas callejeras, todo se transforma en un icono.

Y está entonces la bandera nacional, el más potente de todos los símbolos, diseñada hace más de un siglo. Una estrella blanca solitaria dentro de un triángulo rojo que se inserta en tres rayas azules separadas por dos rayas blancas.

próxima página: ARCHIVO DE BOHEMIA, *Bar callejero frente a la Lonja de Comercio,* **1916**

Por muchos años los bares callejeros, como este en la plaza entre la Lonja de Comercio y la Basílica de San Francisco de Asís, desaparecieron de las calles de La Habana junto a todos los pequeños negocios. Actualmente están reapareciendo, en particular en La Habana Vieja, con el apoyo de la oficina del Historiador de la Ciudad, a cargo del trabajo de restauración.

escenas callejeras

arriba: **CONSTANTINO ARIAS**, *La negra*, 1952

Constantino Arias tuvo siempre un gran interés en el retrato, situando a sus personajes en su grupo y clase social. Hizo una serie de retratos de negros a la que éste pertenece.

arriba: **FRANCISCO BOU**, *Viejos jugando dominó en el barrio chino,* **1992**

Poco a poco, muchos inmigrantes chinos, apoyados por sus firmes lazos familiares, hicieron suficiente capital para abrir sus propios negocios, como lavanderías, tiendas de vegetales y huertos para cultivar verduras. Los de la región de La Habana se establecieron originalmente en la zona del Acueducto al sur de la ciudad, donde las tierras fértiles son adecuadas a la horticultura. Luego se establecieron alrededor de las calles Zanja y Dragones, donde hoy está el Barrio Chino.

    A pesar de los matrimonios cruzados, la comunidad china mantuvo su cultura independiente e incluso mantuvo vivo su idioma. Aún así se identificó fuertemente con las aspiraciones nacionales de una Cuba independiente. Miles de chinos-cubanos murieron en las guerras de independencia de 1868-78 y 1895-98. Un monumento a su sacrificio fue erigido en La Habana.

escenas callejeras

La larga ciudad se extendía a lo largo del ancho Atlántico; las olas rompían en la Avenida de Maceo y salpicaban los parabrisas de los carros. Las columnas rosadas, grises, amarillas, de lo que fue una vez el barrio aristocrático estaban corroídas como piedras; un antiguo escudo de armas, manchado y sin rasgos, estaba encima de la puerta de un hotel ajado, y las persianas de un club nocturno estaban pintadas de colores luminosos para protegerlas de la humedad y el salitre. Al oeste, los rascacielos de acero de los barrios nuevos más altos que faros en el claro cielo de febrero. Era una ciudad para visitar, no una ciudad para vivir, pero era la ciudad donde Wormold se había enamorado por primera vez, y se sostuvo a ella como a la escena de un desastre.

GRAHAM GREENE, de *"NUESTRO HOMBRE EN LA HABANA"*, 1958

izquierda: SERGIO ROMERO, *Iglesia de Regla,* 1994

La Virgen de Regla o Yemayá es, según la religión Yoruba, el santo patrón de los marineros, la diosa de la maternidad. Su número siempre es el siete. Se presenta como una virgen negra vestida de azul que protege un barco con tres pescadores. Según la leyenda, ella salvó a tres pescadores y para conmemorar ese hecho, cada 7 de septiembre todos los que van al mar le rinden tributo.

próxima página: ARCHIVO DE PRENSA LATINA, *Calle de La Habana,* 1957

Antes de 1959, La Habana se jactaba de tener tiendas por departamentos entre las más lujosas del continente, con elaborados carteles de neón colgados en las principales calles comerciales. Junto a ellas había bares, restaurantes, salones de belleza y todo tipo de tiendas de regalos, muchas con aire acondicionado.

arriba: **SERGIO ROMERO**, *Olas rompiendo en el Malecón*, 1985

El Malecón se curva alrededor de la ciudad desde el Castillo de la Punta hasta La Chorrera. Es un lugar donde los amantes se encuentran, los pescadores pescan, los amigos comparten una botella de ron. También se conoce como el Centro de Negocios de La Habana, porque en él se hacen tratos con el mar como único testigo.

derecha arriba: **SERGIO ROMERO**, *Malecón con ciclista*, 1993

A principios de los noventa la gasolina era casi inasequible en Cuba y las calles estaban desiertas.

derecha abajo: **SERGIO ROMERO**, *Contrabajo en bicicleta*, 1992

Dondequiera que vaya, usted oirá los ritmos palpitantes de la rumba, el bolero, el guaguancó, la conga, el cha-cha-cha, jazz afrocubano, salsa, y una variedad de canciones campesinas. Los artistas que crean esta cornucopia musical a veces tienen que viajar largas distancias hasta sus ensayos en los erráticos buses de La Habana—o transportar sus instrumentos en la parrilla de una bicicleta.

arriba: **CONSTANTINO ARIAS,** *Restaurante "Aires Libres" en el Paseo del Prado de noche,* **1950**

Una vida nocturna vibrante está regresando a las calles de la ciudad vieja. Prado, el bulevar elegante que va del Castillo de la Punta, en la boca del puerto, hasta más allá del Parque Central y el Capitolio, está recuperando su gloria anterior.

abajo: TITO ÁLVAREZ, *Niños,* 1976

derecha: RIGOBERTO ROMERO, *El patio de mi casa no es particular,* 1986

La cercanía y el contacto físico son parte de la cultura cubana. La gente vive en la calle, sale de sus casas para escapar del calor y pasa el tiempo en animada conversación. El hacer colas para todo ha reforzado aun más la cohesión social. La gente se pone en cola sin saber para qué es y se abastece de todo lo que se pueda. En la heladería Coppelia es bastante corriente ver a cualquiera llevar tres barquillos de helado y lamerlos alternadamente.

41 escenas callejeras

izquierda: **SERGIO ROMERO,** *Niño con carriola,* 1991

arriba: **SERGIO ROMERO,** *Mujer hablando por teléfono,* 1984

En los primeros días de la Revolución, muchos servicios eran gratuitos, incluso las llamadas telefónicas. Esto estimuló las conversaciones telefónicas no muy cortas, y en las esquinas de La Habana la gente haría colas esperando su turno para el teléfono. Por supuesto, todos mostrarían un gran interés por la conversación y se unirían en la discusión de problemas familiares, expresiones de amor, etcétera.

página siguiente: **LIBORIO NOVAL,** *Veterano,* 1971

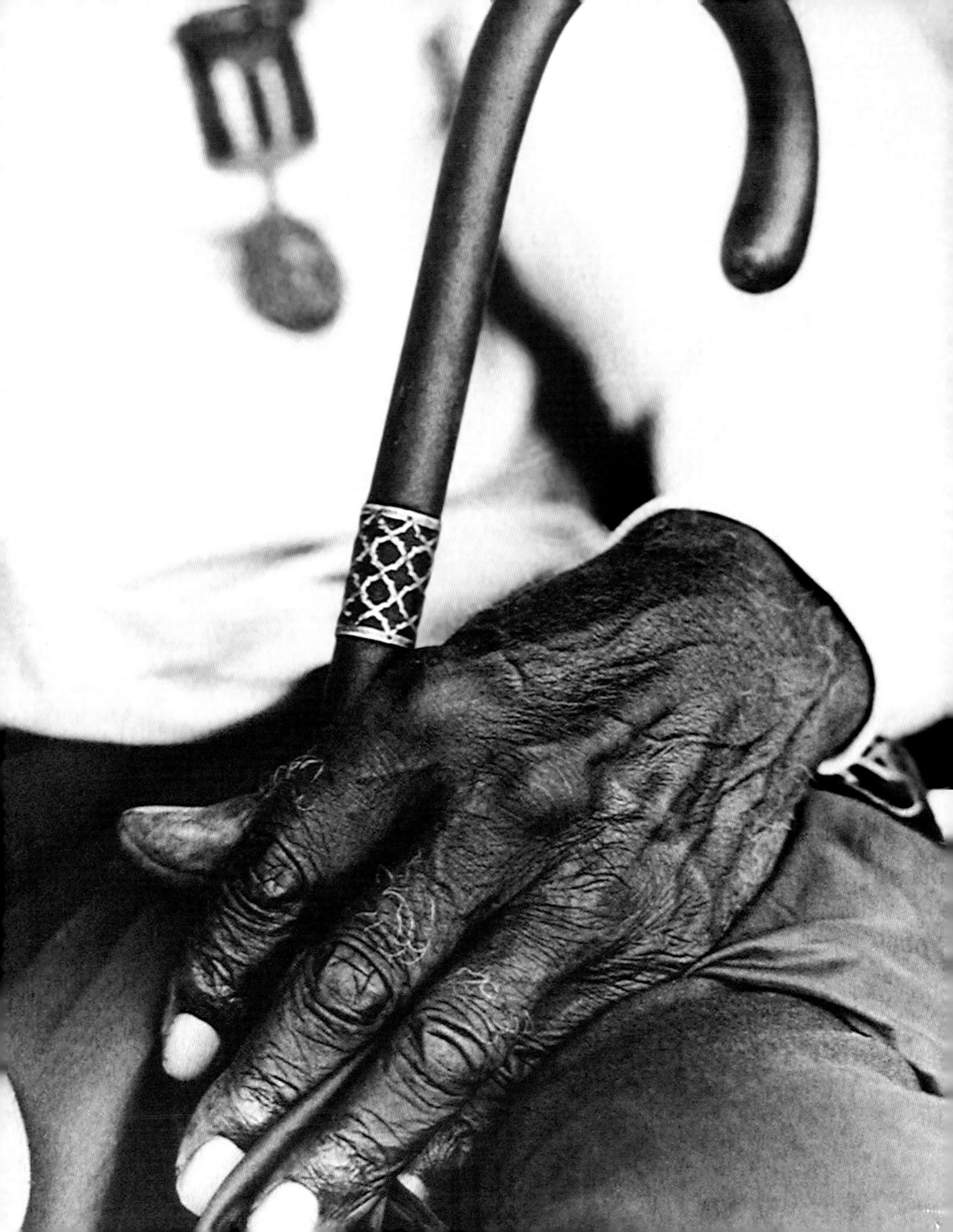

página anterior: **IVÁN CAÑAS**, *Veteranos*, 1980

La historia está grabada en las líneas de estos viejos rostros, la firmeza de su mirada, la confianza de su posición. Todos participaron en la Guerra de Independencia de 1895-98.

arriba: **FRANCISCO BOU**, *Retrato de un viejo*, 1992

derecha: **LEOVIGILDO GONZÁLEZ**, *Círculo de abuelos*, 1986

Cada zona de La Habana tiene su Club de la Tercera Edad, afectuosamente conocido como *Círculo de Abuelos*. Los ancianos de la zona se reúnen para charlar y socializar, y muchos hacen ejercicios juntos.

izquierda: OSVALDO SALAS, *Siesta,* **1974**

La cercanía entre generaciones se hizo aun más importante en los setenta y los ochenta. La familia tradicional explotó bajo la presión de demandas sociales—la introducción de la educación universal, la incorporación de la mujer al trabajo, la participación en las milicias, la proliferación de reuniones de todo tipo, las movilizaciones de parte de la población urbana para la zafra azucarera, las misiones militares internacionalistas a Angola… Los abuelos asumieron un nuevo papel para mantener unida a la familia, cuidar de los niños, mostrándose a menudo más indulgentes que los padres.

escenas callejeras

…Vamos a andar La Habana, amor
pegándonos al mar
apunta el día y la ciudad
se quiere levantar…

              IRENO GARCÍA, de "ANDAR LA HABANA"

derecha: MARIO DÍAZ, *Retrato de mujer con viejo*, 1985

arriba: **SERGIO ROMERO**, *Pioneros en el Parque Antonio Maceo,* 1985

Las consignas siguen apareciendo destacadamente en lugares públicos de la isla. Los niños de la enseñanza primaria con sus uniformes y pañoletas rojas son conocidos como pioneros.

derecha: **JOSÉ ALBERTO FIGUEROA**, *Niños en el Capitolio,* 1986

El Capitolio es el principal edificio del período republicano (1902-1959). Concebido como sede del gobierno bajo el Presidente Mario García Menocal, se construyó entre 1928 y 1931 según un proyecto de los arquitectos Covantes y Cabarrocas. Directamente bajo su cúpula, en un piso de mármol, hay un diamante incrustado desde el cual se miden todas las distancias de Cuba—tal como se miden en Francia las distancias desde el Arco de Triunfo.

derecha: OSVALDO SALAS, *Policía con cinco niños en motocicleta*, 1975

Durante muchos años el gobierno trató de que la policía fuera más aceptada a través de una campaña de publicidad en televisión. Un niño se acercaría a un policía y le preguntaría "Policía, policía, ¿tú eres mi amigo?" El policía contestaría cargando al niño y abrazándolo. La campaña tuvo tanto éxito que siempre que a un niño se le preguntaba qué quería ser cuando creciera, contestaba probablemente que le gustaría ser como el Che, o que quería ser policía.

escenas callejeras

Ciudad de mis amores en el polvo,
bella ciudad de podredumbre y alas,
en ti nací realmente un mes de enero
 cuando golpeó en tu pecho la esperanza.
Si viví un gran amor fue entre tus calles,
 si vivo un gran amor tiene tu cara,
ciudad de los amores de mi vida,
 mi mujer para siempre sin distancia.
Si no existieras yo te inventaría,
mi ciudad de La Habana.

FAYAD JAMIS, de "ABRÍ LA PUERTA DE HIERRO"

derecha arriba: ARCHIVO DE LA BIBLIOTECA NACIONAL, *Paseo del Prado,* 1904

El Paseo del Prado se construyó hacia fines del siglo diecinueve y fue la primera calle en romper con las tradiciones arquitectónicas de La Habana Vieja. Su replanteamiento en los veinte fue influenciado fuertemente por el arquitecto paisajista francés Jean-Claude Forestier.

Al regresar a La Habana de un viaje al extranjero en los sesenta, el novelista Alejo Carpentier fue sacudido por la proliferación interminable de columnas. Los toldos que colgaban antiguamente entre las columnas se habían podrido y ahora éstas mostraban su afilado relieve. Por esta razón Carpentier nombró a La Habana *La Ciudad de las Columnas*.

derecha abajo: ARCHIVO DE LA BIBLIOTECA NACIONAL, *Manzana de Gómez,* 1933

Por mucho tiempo La Habana tuvo fama de estar a la vanguardia de la moda. Las compañías americanas probarían allí sus nuevos productos antes de soltarlos en los EE.UU. El chicle se mascó por primera vez en La Habana y las casas se alumbraron con electricidad antes que en otras partes del mundo. En los '50 Cuba fue el primer país latinoamericano en tener televisión.

arriba: **ARCHIVO DE BOHEMIA**, *Bar con Victrola*, 22 de Abril, 1950

Este bar de obreros podría igualmente estar en La Habana contemporánea o en La Habana de medio siglo atrás.

derecha: **SERGIO ROMERO**, *Hombre haciendo malabares con cajas vacías*, 1987

Nada es anormal en una calle de La Habana.

escenas callejeras

60 escenas callejeras

izquierda: MIGUEL VIÑAS, *Balseros,* 1994

La "Crisis de los Balseros" del verano de 1994 fue uno de los momentos más dramáticos de la historia cubana reciente. Decenas de miles de cubanos se lanzaron a las costas de la Florida en balsas precarias, buscando escapar de las difíciles condiciones económicas de esos días y un nuevo futuro en la Tierra Prometida. Un número desconocido, quizás varios miles, pereció en el intento, muriendo de hambre, o comido por tiburones.

En 1994 la presión para abandonar la isla había crecido bastante. Muchos construyeron balsas y esperaban por una oportunidad para salir. Finalmente el gobierno cubano, retiró los guardacostas que habían estado impidiendo la salida de la mayoría de los que trataban de emigrar.

Tantos no habrían arriesgado sus vidas de no ser por la Ley de Ajuste Cubano. Esta ley norteamericana promete los derechos a residencia y trabajo, y a continuación la ciudadanía americana, a cualquier cubano que llegue a los EE.UU. directamente desde Cuba.

En total, cientos de miles de familias cubanas fueron tocadas por esta crisis.

escenas callejeras

Te levantas a cerrar las persianas, miras a través del puerto la bandera en la fortaleza y ves que se endereza hacia ti. Miras la ventana norte más allá del Morro y ves que el liso espejo de la mañana está ondeando, y sabes que los vientos alisios están llegando temprano.

ERNEST HEMINGWAY, de "MARLIN FUERA DEL MORRO: UNA CARTA CUBANA," 1933

página anterior: **ARCHIVO DE BOHEMIA,** *Frente frío en el Malecón,* **enero 12, 1958**

right: **ARCHIVO DE PRENSA LATINA,** *Pescando frente a la farola del Morro,* **1986**

Los pescadores del Malecón tienen su propia psicología, casi un enfoque Zen de la vida. Pescan a menudo hasta después del alba e incluso, cuando no pescan nada, se les puede ver irse contentos luego de contarse historias toda la noche. Forman un club exclusivo de hombres y se sientan con una botella de ron, comentan sus problemas, e intercambian anzuelos y carnada unidos por un lazo especial.

capítulo dos

revolución

revolución

Las imágenes de la Revolución Cubana de 1959 están grabadas profundamente en la mente de los cubanos. Pero no sólo de los cubanos. En todo el mundo la gente miró asombrada cómo este país pequeño, apenas a 90 millas de los EE.UU., rompió sus lazos abruptamente con los Estados Unidos y siguió su propio camino por décadas—seductor para sus partidarios y ferozmente frustrante para sus opositores. Las imágenes que luego serían tan familiares salieron al mundo a través del lente de fotógrafos cubanos, particularmente de Alberto Korda, Raúl Corrales, Osvaldo Salas, y Perfecto Romero. El juicio artístico de estos hombres ha ayudado muy directamente a formar el modo en que el mundo ha visto la Revolución.

La más famosa de todas estas imágenes es la foto de Alberto Korda de Che Guevara, "El Guerrillero Heroico", llevando su boina con su estrella, mirando fijamente a la distancia. Korda y un puñado de fotógrafos acompañaron a Fidel Castro y demás líderes a los eventos públicos a lo largo de los primeros años de la Revolución y registraron notablemente una sociedad en profundo cambio social.

Hay imágenes de guerrilleros jóvenes, barbudos luchando en las montañas de la Sierra Maestra, y abriéndose paso triunfal por la isla; de una caballería de campesinos con sombreros entrando a La Habana; de un campesino trepado a una farola en una concentración política; de un Fidel Castro con gafas en un tanque combatiendo la invasión apoyada por los americanos en Bahía de Cochinos; de muchedumbres de cientos de miles con banderas cubanas en alto mientras vitorean discursos; de Che Guevara en seria conversación con Simone de Beauvoir y Jean-Paul Sartre; de Fidel Castro cortando caña de azúcar. El archivo fotográfico de estos años es notable por la fuerza de las imágenes que contiene.

En octubre de 1962 el mundo entero miró con espanto cómo los Estados Unidos y la Unión Soviética se enfrentaban a causa de la instalación de proyectiles nucleares soviéticos en Cuba. Un país antes conocido sobre todo por su azúcar, sus ritmos de baile calientes, su ron, sus puros y casinos, como patio de recreo para los ricos, estaba de repente en el centro de la escena mundial.

Cuba ha seguido haciendo olas políticas. Su ejército, que luchó en Angola en los años ochenta, jugó un papel decisivo en la derrota del ejército sudafricano y el posterior derrumbe del apartheid. En el año 2000 la confrontación entre La Habana y la comunidad de emigrados cubanos en Miami por el retorno del niño náufrago Elián González dominó las noticias norteamericanas durante casi un año y el asunto jugó un papel importante en las elecciones Presidenciales entre Al Gore y George Bush.

Las revoluciones surgen luego de una larga acumulación de presiones sociales, y según se transforma la sociedad se establecen nuevas normas. Cuba está transformándose una vez más, a medida que se adapta al mundo de la post guerra fría.

Pero esto sucede en un contexto totalmente diferente del que había en Cuba en los años cincuenta. La Revolución ha establecido una fuerte identidad nacional, ha educado a la población y les ha dado una nueva confianza. Esto no quiere decir que el ideal de Che Guevara de crear el "Hombre Nuevo" se haya realizado, sólo que esa Cuba de hoy es, y seguirá siendo, un sitio muy diferente del que habría sido sin la Revolución.

Las imágenes que siguen nos recuerdan el apoyo que los cubanos simples dieron a su Revolución, el trabajo duro en su nombre, y los sacrificios que ellos hicieron-pero también el gusto por la diversión, y las glorias que trajeron a su Revolución. Era, después de todo, una revolución muy latina y muy caribeña, y una Revolución cuyos participantes nunca dejaron de contar chistes sobre sus limitaciones.

página anterior: PERFECTO ROMERO, *Caballería,* **1959**

izquierda: **ARCHIVO DE BOHEMIA,** *Fidel Castro y la campana de La Demajagua,* **noviembre 6, 1947**

La campana de La Demajagua es el equivalente cubano de la Campana de la Libertad norteamericana. Carlos Manuel de Céspedes la hizo sonar en su hacienda azucarera de La Demajagua, cerca del puerto oriental de Manzanillo, para marcar el inicio de la guerra de Independencia contra España en 1868. El pueblo de Manzanillo guardó posteriormente la campana como parte de la herencia nacional.

Como estudiante activista contra el gobierno del Presidente Grau San Martín, Fidel Castro tuvo la idea de traer la campana a La Habana y organizar una reunión de masas en la que se haría sonar.

Castro y sus amigos lograron que los ciudadanos de Manzanillo les prestaran su campana y volvieron con ella hasta La Habana en tren. Hicieron una caminata con la campana desde la estación de trenes hasta la universidad en un desfile que duró dos horas y media.

La campana se quedó una noche en la universidad, al lado de la oficina del canciller. Pero a la mañana siguiente descubrieron que había desaparecido. Castro denunció el robo en una entrevista radial y dirigió una reunión de masas en el *campus* universitario. Él no había derrumbado al gobierno, pero había consolidado su papel como nueva estrella política.

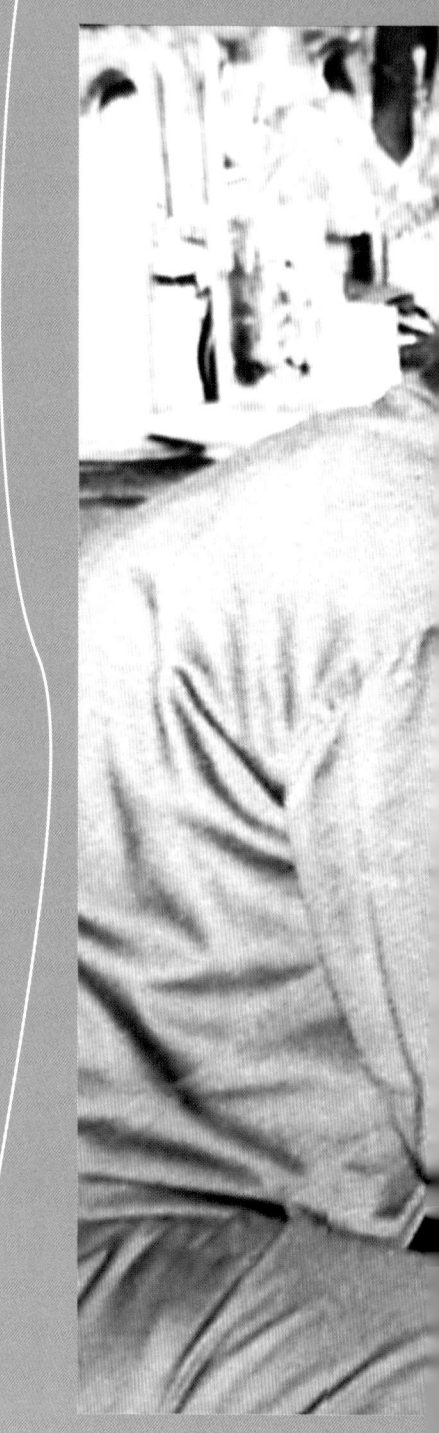

página anterior: PERFECTO ROMERO, *Entrada de Fidel Castro en La Habana,* **enero 8, 1959**

Llama la atención en muchas de las fotos de muchedumbres de los primeros años de la Revolución la falta de preocupación por la seguridad personal de los nuevos líderes políticos. Tres días después que el Presidente Fulgencio Batista huyera de la isla en medio de las fiestas de Año Nuevo la última noche de 1958, Fidel Castro partió en lento desfile triunfal por carretera desde el este de la isla, y llegó a La Habana a los cinco días. La seguridad siempre era firme, pero deben de haber existido ocasiones en que alguien hubiera podido atentar con éxito contra la vida de Castro.

derecha: PERFECTO ROMERO, *Fidel Castro y Che Guevara en la fortaleza de La Cabaña,* **enero 8, 1959**

Che Guevara había llegado a La Habana con su columna de guerrilleros el 3 de enero de 1959 y tomó el mando de la fortaleza de La Cabaña, frente a la bahía de La Habana. Cuando la columna N° 3 llevada por Fidel Castro entró en la ciudad el 8 de enero, las instrucciones de Guevara a sus hombres fueron de bajar para unirse al desfile de la victoria. Pero ese día él tenía un ataque de asma severo y no pudo salir de su habitación, así que tan pronto como el desfile terminó, Castro fue directamente a La Cabaña para verlo.

derecha: ROBERTO SALAS, *El Primer Día,* **enero, 1961**

En enero de 1961 los Estados Unidos rompieron relaciones diplomáticas con Cuba. Esta demostración se realizó frente a la Embajada de los EE.UU. en el Malecón de La Habana. Este paso dio fin a dos años de relaciones difíciles.

¿Cuánto de Revolución fue improvisado, y cuánto se planeó? Hubo sin dudas una carga fuerte de improvisación, pero tan justo como cierto es que los nuevos líderes comprendieron desde los primeros días que podría tener lugar una confrontación con los EE.UU. en el futuro. Su deseo de independencia nacional era apenas posible sin un programa de reformas sociales—una reforma agraria y una campaña para mejorar las condiciones de vida, educación, y nivel cultural de la población. Esto, a su vez, significaba quitar el poder a las grandes compañías que dominaban la economía, las cuales habían apoyado y se habían aprovechado del régimen anterior. Estas grandes compañías eran posesiones norteamericanas.

arriba: **PERFECTO ROMERO**, *La Segunda Declaración de La Habana*, 1962

La "Primera Declaración de La Habana" fue hecha por Fidel Castro en septiembre de 1960. En ella anunció que Cuba establecería relaciones con China y aceptaría una oferta de misiles de la Unión Soviética. En los días de la Segunda Declaración, Cuba ya estaba dentro del campo soviético.

derecha: **JOSÉ ALBERTO FIGUEROA**, *Demostración contra la guerra en Vietnam*, 1974

Esta manifestación contra la Guerra en Vietnam señalaba al Presidente Nixon como "el Hitler de nuestra era", y lo representaba con el bigote característico.

revolución

página anterior: PERFECTO ROMERO, *Marcha para honrar a las víctimas de La Coubre,* marzo 5, 1960

Esta marcha honró a las víctimas de la explosión del carguero francés La Coubre en el puerto de La Habana. La encabezaron, de izquierda a derecha, el Primer Ministro Fidel Castro, el Presidente Osvaldo Dorticós, el Ministro de Industrias Che Guevara, y el Ministro del Trabajo Augusto Martínez Sánchez. Osvaldo Dorticós continuó como Presidente hasta que se adoptó una nueva constitución en 1976 y Fidel Castro asumió ambas jefaturas de Gobierno y de Estado.

derecha: ARCHIVO DE PRENSA LATINA, *Explosión del barco francés La Coubre,* marzo 4, 1960

El carguero francés *La Coubre*, con una carga de armamento belga, explotó en un muelle del puerto de La Habana el 4 de marzo de 1960. Dos explosiones, la segunda aun más grande, se escucharon en toda la ciudad. Un centenar de personas murieron—marineros, soldados, estibadores—y varios cientos resultaron heridos. La fotografía fue tomada por un cubano anónimo que pasaba por el lugar.

Fidel Castro y Che Guevara se dirigieron rápidamente al puerto cuando oyeron la primera explosión, y estaban a menos de cien metros cuando ocurrió la segunda. Castro inmediatamente acusó a la CIA de sabotaje y acuñó la consigna ¡Patria o Muerte!

página siguiente: ALBERTO KORDA, *Che Guevara con Simone de Beauvoir y Jean-Paul Sartre,* marzo, 1960

Che Guevara era Presidente del Banco Nacional de Cuba en este momento y esta fotografía se tomó en su oficina. Un nuevo edificio macizo para alojar el Banco estaba en construcción cuando triunfó la Revolución, pero Guevara no tuvo interés en mudarse y dijo que mejor podría usarse como hospital. Hoy día sigue siendo un hospital—el Hospital Hermanos Ameijeiras, situado frente al mar, cerca del Malecón, a mitad de camino entre el Hotel Nacional y la entrada del puerto.

Jean-Paul Sartre, filósofo francés de moda, quedó impresionado de su reunión de varias horas con Che Guevara. Siete años después de la muerte de Guevara en Bolivia, Sartre escribió que Guevara fue "no sólo un intelectual sino también el ser humano más completo de nuestra era".

abajo: ALBERTO KORDA, *Fidel Castro con Simone de Beauvoir y Jean-Paul Sartre,* marzo, 1960

Jean-Paul Sartre y su compañera Simone de Beauvoir estuvieron entre los primeros intelectuales extranjeros que visitaron Cuba, interesados en dar testimonio de una revolución en acción. Sus escritos sobre Cuba animaron a muchos otros a verla por sí mismos. Simone de Beauvoir se encantó del humor de la gente.

Las jóvenes, de pie, vendían jugo de frutas y bocadillos, recaudando fondos para el Estado… ninguna maquinaria, ninguna burocracia, sino un contacto directo entre los líderes y el pueblo, y una masa de esperanzas fervientes y ligeramente desconcertadas.

SIMONE DE BEAUVOIR

Otra vez más siento bajo mis talones el costillar de Rocinante, vuelvo al camino con mi adarga al brazo…
Hace casi diez años les escribí una carta de despedida…
Este podría ser mi último abrazo.

ERNESTO *CHE* GUEVARA, comparándose a Don Quijote en la carta de despedida a sus padres, 1967

derecha: ALBERTO KORDA, *El Quijote de la Farola,* **mayo 17, 1959**

La figura indiferente sobre esta farola de La Habana es de un campesino que muy probablemente nunca había visitado la ciudad. ¿Cómo llegó allí? Sólo podemos suponer que era experto en trepar palmas reales para recoger *palmiche,* las semillas con las que tradicionalmente se alimenta a los cerdos para darle un sabor especial. Durante los años en que la Unión Soviética enviaba a Cuba alimentos para animales producidos industrialmente, la habilidad de trepar palmas estuvo en peligro de extinción. Pero ahora, de nuevo, en la isla se trepan a las palmas reales, y los cerdos saborean lo que deben.

¿Por qué El Quijote? La novela de Cervantes fue el primer libro publicado por el gobierno revolucionario y se usó en las campañas de alfabetización de principios de los sesenta. Che Guevara se comparó a Don Quijote en su última carta desde Bolivia. Quizás fuera el ideal medieval del honor, retratado en la novela, lo que tanto le gustó.

La fotografía se tomó en una concentración de campesinos en la Plaza de la Revolución cuando se proclamó la Ley de Reforma Agraria. Esta ley nacionalizó las grandes plantaciones que estaban principalmente en manos de extranjeros.

izquierda: **PERFECTO ROMERO,** *Camilo Cienfuegos con niños,* **1959**

Camilo Cienfuegos era hijo de exiliados de la Guerra Civil española y participó en protestas obreras contra el gobierno de Batista a mediados de los cincuenta, siendo herido de bala por un policía en una reunión en diciembre de 1955. Se estableció en California, donde se casó con una americana, pero en agosto del año siguiente con Fidel Castro en México planeó una invasión al este de Cuba.

Mientras la guerrilla de Fidel Castro afianzaba su posición a fines de agosto de 1958, Camilo Cienfuegos con una columna de 82 hombres, y Che Guevara con una columna de 148 hombres, se dirigieron a pie hacia la provincia central de Las Villas, en una marcha de seis semanas. Cuando continuaron después hacia La Habana, Camilo fue el primero en entrar en la ciudad, el 2 de enero de 1959. Después del triunfo ocupó el cargo de jefe de personal del ejército, hasta que el avión en el que volaba desapareció en octubre de 1959. Ningún resto fue encontrado. Cada año su muerte es recordada con una ceremonia a lo largo de la isla. Los niños tiran flores al mar, o a un río, lago, o estanque.

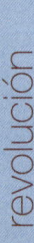

94 revolución

página anterior: RAÚL CORRALES, *Movilización,* **enero, 1961**

Enero de 1961 fue el mes en que los Estados Unidos finalmente impusieron su bloqueo económico y los cubanos supieron que tenían que sobrevivir como mejor pudieran. Se movilizó la milicia en alarma permanente. La acción no demoró mucho en llegar.

El 15 de abril, ocho aviones norteamericanos bombardearon bases del ejército cubano. En el entierro al día siguiente, Fidel Castro declaró el carácter socialista de la Revolución. Diez mil hombres y mujeres se concentraron en el cementerio. Al día siguiente, comenzó la invasión a Playa Girón en la costa de la Ciénaga de Zapata cerca de Cienfuegos ("la invasión de Bahía de Cochinos"). Un grupo harapiento de exiliados cubanos y mercenarios apoyados por la C.I.A. lanzó un ataque sin entusiasmo a fuerzas del gobierno cubanas. A los tres días 1,197 efectivos habían sido rodeados y capturados. El gobierno cubano llamó el episodio "la primera gran derrota del imperialismo norteamericano en América".

izquierda: RAÚL CORRALES, *Sombreritos,* **1960**

Estos milicianos llevaban sombreros como parte de su uniforme.

derecha: OSVALDO SALAS, *Fidel Castro y Ernest Hemingway,* mayo 15, 1960

Fidel Castro era un gran admirador de Ernest Hemingway pero, aunque Hemingway vivió en La Habana, los dos hombres sólo se encontraron una vez. A la ceremonia de premiación del Torneo anual de Pesca Ernest Hemingway en 1960, celebrado en el Barlovento Yatch Club de La Habana, Hemingway entregó a Fidel Castro el premio individual por capturar la aguja azul más grande.

Hemingway visitó Cuba a su regreso de la Guerra Civil española, y desde 1939 vivió por temporadas en Finca Vigía, en San Francisco de Paula, un suburbio al sureste de La Habana. Hemingway se mantuvo alejado de la política interior del país y se pasó todo 1959, el año siguiente al triunfo de la Revolución, fuera de Cuba. Sin embargo, en una carta a un amigo a principios de 1960 escribió: "creo totalmente en la necesidad histórica de la revolución cubana. No me meto en la política cubana pero analizo a largo plazo esta revolución y el día a día, y las personalidades no me interesan… En la situación presente no hay nada que yo pueda decir que no sea mal interpretado o tergiversado. Tengo una cantidad terrible de trabajo y quiero quedarme solo para hacerlo".

izquierda: ALBERTO KORDA, *Che Guevara y Fidel Castro jugando golf,* **mayo, 1960**

Esta imagen de guerrilleros revolucionarios jugando golf fue intencionalmente chocante.

El mes anterior Fidel Castro había viajado con un grupo de cien políticos y asesores a los Estados Unidos, invitado por editores de periódicos norteamericanos. La visita fue un éxito de relaciones públicas. En Nueva York Castro recorrió las Naciones Unidas, se dirigió a una muchedumbre de 30,000 en el Parque Central, y almorzó con editores, hombres de negocio y financieros.

Pero en los cinco días que Castro se pasó en Washington, el Presidente Eisenhower estaba fuera de la ciudad jugando golf, y Castro tuvo que conformarse con reunirse con el Vicepresidente Nixon.

A su retorno a Cuba, Castro, que nunca antes había jugado golf, organizó un partido con Che Guevara, quien sí había jugado cuando joven en Argentina. Ellos pidieron a la revista Revolución que enviaran a su fotógrafo Alberto Korda para cubrir el evento. Korda pulsó el obturador alegremente, hasta que Che Guevara le preguntó por qué gastaba tanta película. Cuando Korda contestó que tenía suficiente, Guevara le sugirió que debía ser más frugal en el futuro, porque podría hacerse difícil de conseguir. Ocho meses después los Estados Unidos impusieron un embargo comercial a Cuba.

próxima página izquierda y derecha: RAÚL CORRALES, *La Banda del Nuevo Ritmo,* **1962**

Estos milicianos no eran músicos profesionales, sino obreros movilizados durante la Crisis de los misiles de octubre y formaron una banda que daba conciertos por las noches.

izquierda: ARCHIVO DE PRENSA LATINA, *Tanques en Calle 23,* enero 1, 1961

Tanques de fabricación soviética ruedan Calle 23 abajo, la calle principal del barrio Habanero de El Vedado, en una demostración de fuerza. Es el segundo aniversario de la Revolución. A la izquierda una señal anuncia que la tienda fotográfica Kodak ha sido nacionalizada. Detrás, el Hotel Nacional, que por este tiempo habría estado principalmente vacío. Los estudiantes universitarios alquilaban habitaciones por pocos pesos la noche y fiesteaban el fin de semana.

La presencia soviética fue tan importante durante treinta años que es notable que haya dejado tan pocas huellas. Una década después del derrumbe del bloque soviético, los rusos se han derretido como hielo en los trópicos. Hay todavía autos Lada en las calles y camiones Kamaz, y la monstruosidad de la embajada soviética continúa asustando al barrio de Miramar como una botella enorme y provocando chistes; pero por otra parte muy poco de esos años queda visible.

próxima página izquierda: OSVALDO SALAS, *Fidel Castro "pitcheando" en béisbol,* 1960

próxima página derecha: PERFECTO ROMERO, *El equipo "Los Barbudos",* 1959

Fidel Castro siempre ha sido fanático de los deportes, y crear un equipo olímpico cubano de nivel mundial debe de haber sido una de sus mayores satisfacciones. Se dice que cuando los Orioles de Baltimore visitaron La Habana en 1999 para el primer tope de béisbol entre un equipo profesional norteamericano y Cuba en 40 años, Castro adiestró al equipo nacional personalmente. Los americanos ganaron, pero por estrecha diferencia y Cuba ganó el partido de retorno en los EE.UU.

En su último año en el elitista Colegio Jesuita de Belén en La Habana, Castro fue proclamado el atleta de escuela secundaria más destacado de Cuba. Sus deportes principales eran béisbol, básquetbol, pista, tenis de mesa, y escalamiento de montañas.

Después de la Revolución, Castro armó su propio equipo de béisbol con sus colegas, que se llamó Los Barbudos. Ellos jugaban contra los mejores equipos cubanos. Estos partidos durarían a menudo hasta temprano en la mañana, hasta que Los Barbudos pudieran pegar una carrera o por otra parte podían ser dispensados honorablemente.

izquierda: OSVALDO SALAS, *Alicia Alonso baila "Avanzada" para las Fuerzas Armadas*, 1964

Alicia Alonso ya era una estrella del ballet internacional antes de la Revolución, más conocida en Nueva York que en su propio país. En Cuba todos bailan, pero el ballet no era popular con los varones y el ballet local estaba todavía en pañales.

Después de 1959 Alicia Alonso regresó para unirse a la Revolución y crear una compañía de ballet que hoy es internacionalmente famosa. Ella buscó muchachos atléticos en los gimnasios de La Habana y los convenció de que el ballet era un arte noble.

izquierda: **ARCHIVO DE PRENSA LATINA**, *Milicianas en el Carnaval*, 1964

La orquesta tocaba, pero los dólares escaseaban. Irónicamente para un país que luchaba con todas sus fuerzas para dejar de ser una semi-colonia de los Estados Unidos, los dólares eran críticos para asegurar las importaciones esenciales que no podrían obtenerse con pesos cubanos. Y para eso, la milicia hizo una campaña durante el Carnaval para animar a la gente a entregar los dólares guardados en las casas.

arriba: **MARÍA EUGENIA HAYA (MARUCHA)**, *Caridad Cuervo*, 1984

El barroco en su forma elemental, el eclecticismo con un sabor tropical—la cultura Cubana es una cultura de mezclas que lanza imágenes sorprendentes. Entre flores de plástico y cerámicas, se destacan las imágenes de figuras políticas transformadas en mitos, una parte viviente de la vida diaria.

derecha: OSVALDO SALAS, *Fidel Castro y Yuri Gagarin,* 26 de Julio, 1961

En 1961 Cuba se estaba pasando al campo soviético. Ese año, el invitado de honor a la concentración por la fiesta nacional del 26 de Julio fue Yuri Gagarin, el cosmonauta soviético que hizo historia como el primer hombre lanzado al espacio exterior. Se puede imaginar el impacto psicológico de este simbolismo en una nación en pie de lucha. En apenas dos años, Cuba había dejado de ser una semi-colonia de los Estados Unidos para ser presentada como su enemigo. Aquí demostraba que tenía nuevos amigos poderosos que habían derrotado a los Estados Unidos en la gran carrera tecnológica de esos días.

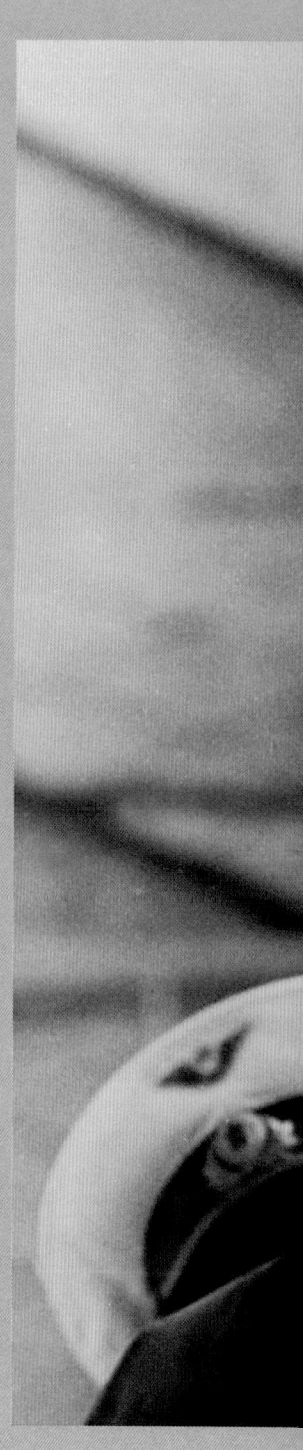

revolución

arriba: **PERFECTO ROMERO,** *Che Guevara haciendo trabajo voluntario en la construcción,* 1962

izquierda: **OSVALDO SALAS,** *Che Guevara Ministro de Industrias,* 1961

Che Guevara se metió mangas al codo como Ministro de Industrias. Tuvo quizás pocas opciones, ya que, como los otros líderes jóvenes, tenía poca experiencia en organizar otra cosa que no fuera una revolución. Al detenerse las máquinas norteamericanas por falta de repuestos, el gobierno acudió a importaciones soviéticas para mantener andando el país. El entusiasmo y la ingeniosidad sustituyeron a las habilidades perdidas cuando la clase media empacó y se marchó a una nueva vida en Miami.

Déjeme decirle, a riesgo de parecer ridículo, que el revolucionario verdadero está guiado por grandes sentimientos de amor… Quizá sea uno de los grandes dramas del dirigente; éste debe unir a un espíritu apasionado una mente fría, y tomar decisiones dolorosas sin que se contraiga un músculo.

Ernesto *Che* Guevara, de "el socialismo y el hombre en cuba"

derecha: OSVALDO SALAS, *Cartel de Che Guevara detrás de bandera cubana,* 1968

Tras su muerte al intentar lanzar otra revolución en Bolivia en 1967, la imagen de Che Guevara se muestra con frecuencia en lugares públicos.

revolución

izquierda: OSVALDO SALAS, *Fidel Castro cortando caña,* 1970

El estilo político de Fidel Castro desde sus días de estudiante ha sido estar cerca de sus partidarios, escucharlos y enseñarlos con el ejemplo. En varias ocasiones empleó horas en los campos cortando caña de azúcar. En 1970, en un momento económicamente muy difícil para el país, él anunció la meta de lograr una zafra azucarera de diez millones de toneladas, una meta nunca escuchada en Cuba. Para lograrlo, se desviaron personas y recursos de otras tareas y grandes sectores de la economía virtualmente se pararon. Fidel Castro aceptó después la culpa de lo que él admitió que había sido una política desastrosa.

abajo: ALBERTO KORDA, *Fidel Castro en un jeep con sombrilla,* 1960

La popularidad de la Revolución de los primeros años tuvo mucho que ver con el alto nivel de contacto directo entre los líderes y la gente corriente. Fidel Castro, odiado y visto como demonio por sus enemigos, estableció fuertes lazos personales con sus partidarios.

derecha: OSVALDO SALAS, *Celia Sánchez,* 1979

Solo hubo una mujer que trabajó a los más altos niveles del gobierno cubano desde el triunfo de la Revolución—Celia Sánchez Manduley. Ella ocupó el cargo de secretaria ejecutiva del Consejo de Ministros y fue miembro del Comité Central del Partido Comunista.

Además de esta responsabilidad formal, por 23 años, hasta su muerte por cáncer pulmonar en 1980, fue la amiga consagrada y ayudante de Fidel Castro. Cinco años más vieja que Castro, nunca se casó y ocupó informalmente el papel de "primera dama" de la Revolución. Ella fue muy amada por la gente sencilla, por ser asequible y por prestar atención personal a los problemas sociales. Desarrolló muchos proyectos sociales y culturales, como la heladería Coppelia, las escuelas de arte (ahora Instituto Superior de Arte), el Parque Lenin y el centro turístico Guamá.

Celia Sánchez era una de las cinco hijas de un médico en el sureste de la isla, en lo que es hoy la provincia de Granma. Gracias a su conocimiento de la región y de las personas que vivían en las montañas de la Sierra Maestra, estuvo entre los principales organizadores de la red de campesinos que dio apoyo logístico al movimiento de guerrillas dirigido por Castro. Castro la conoció cuando ella tenía 36 años, tres meses después que un grupo de revolucionarios procedente de México desembarcara en el este de la isla en diciembre de 1956. Luego de su muerte en 1980, ninguna mujer ha aparecido a su lado en las reuniones políticas.

revolución

Llevaré a mi regreso gran cantidad de puros Habanos, y algunos podrán extenderse en los sótanos de Plaza Cumberland Nº 35.

SIR WINSTON CHURCHILL en una carta a su madre, octubre, 1895

derecha: OSVALDO SALAS, *Fidel Castro con puro,* **1976**

Los dedos, la nariz, la barba... Nada más se necesita para identificar al sujeto. ¿Pero el puro? Fidel Castro, como la mayoría de los primeros líderes revolucionarios, fue famoso por fumar puros cubanos. Un nuevo puro incluso se creó para él, el *Cohiba*. Sin embargo en 1980, después de la muerte de su amiga íntima y confidente Celia Sánchez de cáncer pulmonar, él dejó de fumar y lanzó una campaña nacional anti-tabaco. Sir Winston Churchill, quien por primera vez visitó La Habana en 1895 como corresponsal de guerra fue quizás el fumador más famoso de Habanos. El tamaño más grande de puro habano se conoce como *Churchill*.

izquierda: **FRANCISCO BOU**, *Abuelos de Marianao apoyan a Fidel Castro,* **1986**

Los de la generación que hizo la Revolución con Fidel Castro ahora son abuelos.

arriba: **MARIO DIAZ**, *Mi bandera, mi Habana,* **1980**

La bandera nacional se ve por toda La Habana, simple y elegante. Uno de los indudables legados de la Revolución es un correcto sentido de la nacionalidad.

capítulotres

cotidiano y ritual

cotidiano y ritual

Tal como destacara una vez el etnólogo cubano Fernando Ortiz, Cuba es un ajiaco criollo, un estofado con ajo en el que todo está mezclado. Personas de razas, culturas y religiones diferentes han convergido en esta bella isla, con su clima maravilloso y han creado una nueva sociedad de mezclas. No es un crisol, sino una olla en la que todos los diversos ingredientes mantienen su identidad, aunque todos se entremezclen.

Este entremezclarse fue grandemente acelerado por las guerras de independencia del siglo 19 y por la profunda revolución política y social que ganó impulso en los años cincuenta y reventó el dique de la dominación norteamericana en 1959.

Su efecto puede verse en los destinos cambiados de la rumba, un baile popular nacional. La rumba tiene sus raíces en las tradiciones del tambor de África occidental y las tradiciones de la guitarra del sur de España y es un baile poderoso, expresivo. Existió durante muchos años en los márgenes de la sociedad, confinada a los barrios más pobres donde las personas bailaban en las calles. Sólo entró en la fuerte corriente de bailes populares cubanos después de la Revolución.

Las creencias religiosas y los rituales conservan una gran fuerza en la sociedad cubana y son áreas con una gran mezcla de tradiciones culturales. Por siglos, los esclavos traídos de África occidental salvaron su identidad cultural creando imágenes religiosas reflejas mediante las cuales sus dioses animistas tradicionales se escondían tras los santos de la religión católica. Los seguidores de esta religión híbrida, conocida como Regla de Ocha o Santería, se sienten como en casa cuando asisten a un servicio en una iglesia católica.

Es notable ver cómo el culto que creció rápidamente alrededor de la tumba de Nuestra Señora de los Milagros en el Cementerio de Colón la asimiló a las creencias de la Regla de Ocha. Ésta es la tumba de una mujer joven de una familia católica blanca que murió de parto hace un siglo y se volvió lugar de peregrinación para mujeres embarazadas o con problemas para concebir. La religión africana Yoruba reconoce facultades milagrosas en un niño que muere al nacer y las personas que visitan la tumba creen que la madre y el niño pueden ayudarlos con sus problemas.

Los dioses africanos entran en lo cotidiano a muchos niveles. La Santería solía ser mal vista por la clase media blanca, pero en recientes años su influencia se ha extendido mucho más ampliamente. A un nivel trivial, es bastante común que cuando se abre una botella de ron se vierta una pequeña cantidad al suelo en la esquina del cuarto, como ofrenda a los dioses. Pero hay muchas personas que viven observando con rigor los rituales complejos de la religión y también quienes cumplen penitencias severas para ganar el apoyo de los dioses. Cada año, en el día del santo católico San Lázaro, miles de personas se hacen camino, arrastrándose, hasta una iglesia dedicada a San Lázaro, para invocar a Babalú Ayé—San Lázaro en la religión católica—pidiendo ayuda y protección.

Esta cultura de mezclas puede verse en el modo en que las personas decoran sus casas. Una sala puede contener, junto a cerámicas y flores plásticas, una urna dedicada a los dioses y fotografías de Che Guevara y otros líderes políticos.

Se puede especular que la gran energía dentro de la sociedad cubana—sus bailes exuberantes, sus proezas en deportes, la ingeniosidad de su gente—se derive de esta mezcla de elementos culturales dentro de los que las aspiraciones nacionales, los códigos morales y la vida espiritual son inseparables. Esto también puede ayudar a explicar cómo estos isleños, tan amistosos y hospitalarios con los visitantes e influencias externas, sean tan cerrados y celosos con su cultura.

página anterior: ARCHIVO DE BOHEMIA, *Tabaqueros,* **1947**

Hacer puros era tradicionalmente una de las ocupaciones más calificadas y los obreros tabacaleros eran los más cultos e instruidos de todos. Durante la jornada de trabajo un obrero lee a los otros la prensa diaria, poesía, novelas e incluso los trabajos de Marx y Engels. El puro Montecristo se llama así gracias a la novela de Alejandro Dumas "El Conde de Monte Cristo", porque éste era un gran favorito.

Los obreros tabacaleros que emigraron a Tampa, Florida, durante la crisis económica de los 1890 y montaron allí una industria tabacalera, ayudaron a financiar la guerra de independencia de 1895-98. El mensaje que avisó que la guerra estaba a punto de estallar se envió a La Habana desde Tampa por el líder de la independencia José Martí envuelto dentro de un puro.

arriba: **TITO ÁLVAREZ**, *Negra Cubana,* 1983

izquierda: **TITO ÁLVAREZ**, *Carnicero,* 1983

En tiempos de escasez, el ganado se ha vuelto sagrado, aunque de un modo diferente que en la India. Cuando un ternero nace, el dueño debe inscribirlo en un registro. Si muere, el campesino tiene el tremendo problema de demostrar que no fue matado, porque el que mata una vaca o un toro sin autorización enfrenta, si es descubierto, la probabilidad de una sentencia a prisión casi tan severa como si hubiera matado a una persona. Entonces, ser carnicero, tener contacto directo con la carne todos los días, se ha vuelto un gran privilegio, una fuente de *status* social.

arriba: **FRANCISCO BOU**, *Ingeniero naval,* **1994**

Los viejos ingenieros navales, iniciados en los misterios de la ingeniería mecánica más a través de la experiencia que por el entrenamiento formal, han mantenido a flote durante años la deshecha flota cubana de pesca.

derecha: **TITO ÁLVAREZ**, *Granizadero,* **1975**

El tradicional granizado de La Habana, hecho de hielo raspado y sirope de frutas, es el precursor del smoothie. El *granizadero* casi desapareció de las calles de La Habana, pero está regresando, en especial frente a las escuelas al final del día.

arriba: **ARCHIVO DE PRENSA LATINA,** *Chino,* 1952

Para los emigrantes chinos el viaje a Cuba era "el viaje más largo". Del otro lado del mundo ellos eran parte de una sociedad completamente diferente y todavía conservan la esencia de su propia cultura. Hace algunos años se inauguró oficialmente un proyecto cultural para conservar esta herencia. Se nombró Ultramar—del otro lado del mar.

Este fotógrafo callejero chino-cubano había adoptado, bastante inusualmente, el vestir y los gestos de la clase media cubana de la época.

página anterior izquierda arriba: MIGUEL FLEITAS, *Pescador*, 1984

Para muchos *habaneros*, y sobre todo para los que viven en los barrios de Santa Fe y Cojímar y cerca del Malecón, pescar es un estilo de vida y un modo de apoyar a la familia. Como la propiedad de barcos está restringida, los pescadores flotan en el mar a lo largo de la costa habanera en cámaras de camión y balsas hechas de tablones y barriles de aceite. Durante la corrida del pargo caribeño, es común ver centenares de lucecitas en el mar por las noches. Son los pescadores que aguardan por su suerte.

página anterior izquierda abajo: SERGIO ROMERO, *Microbrigada en construcción*, 1988

En un esfuerzo por remediar la falta de viviendas, se crearon "microbrigadas" de obreros en los setenta. Se daría licencia de sus trabajos regulares a grupos de obreros para construir sus propias casas con materiales prefabricados. Como no eran calificados, muchas veces sufrió la calidad.

izquierda: **MARÍA EUGENIA HAYA (MARUCHA)**, *Quinceañera,* **1980**

Para las jóvenes cubanas, su decimoquinto cumpleaños marca una edad especial. Los padres tradicionalmente contratan, hacen o piden prestada una serie de trajes para fotografiarse en situaciones elegantes.

arriba: **ALFREDO SARABIA**, *La Novia,* **1984**

arriba: **FRANCISCO BOU**, *Procesión en una iglesia*, 1994

izquierda: **ARCHIVO DE LA BIBLIOTECA NACIONAL**, *Procesión Religiosa, Plaza de la Catedral*, 1956

A medianoche en Nochebuena, la Catedral de La Habana abre sus puertas para su famosa "Misa de Gallo" a la hora que el gallo llega a la conmemoración del Nacimiento. La procesión es conducida por sacerdotes que llevan a Jesús niño en una cuna. No sólo los católicos, sino también los seguidores de las religiones afrocubanas entran en la catedral y se unen en cantos y oraciones.

La catedral es uno de los edificios religiosos más viejos en Cuba y data de la segunda mitad del siglo dieciocho. Su estilo arquitectónico es barroco, pero más austero que muchas otras catedrales famosas de América Latina.

Estamos juntos desde muy lejos,
    jóvenes, viejos,
  negros y blancos, todo mezclado

NICOLÁS GUILLÉN, de "SON NÚMERO 6"

derecha: FRANCISCO BOU, *Servicio religioso con Pato Donald,* **1995**

Pocas prácticas sociales o culturales son más raigalmente cubanas que la Santería, religión que se desarrolló durante los largos años de esclavitud al fundirse los santos de la religión católica con las tradiciones Yoruba de África Occidental. Gracias a la Santería los esclavos pudieron conservar su identidad cultural, a pesar de las espantosas condiciones en que vivieron.

Los devotos de la Santería se involucran con pasión en sus ritos, que incluyen el sacrificio de animales y la preparación de comidas especiales para los dioses, las cuales se ponen frente a las urnas en sus casas. En las ceremonias públicas pueden caer en trance.

La clase media blanca tradicionalmente miraba con malos ojos la Santería y el Papa se negó a reconocerla como religión durante su visita a la isla en1998. No obstante, ha ido ganando terreno y ha sido en definitiva la religión más ampliamente practicada en Cuba. No es raro, por ejemplo, ver a músicos internacionalmente famosos llevar el gorro y traje blancos típicos de un "santo", como se llaman los iniciados en los misterios interiores de la religión.

La Santería incluye un acercamiento suave, abrazador y pacífico al mundo, un mundo en el que el Pato Donald también es bienvenido.

izquierda: **ARCHIVO DE PRENSA LATINA,** *Elegguá,* **1992**

El niño travieso *Elegguá*, vestido todo de rojo y negro, es el dios que abre y cierra los caminos. En Cuba, como en África, sus devotos ponen su imagen detrás de la puerta de la casa para que cuando ellos entren o salgan, los libre de mal.

En África el baile de *Elegguá* es erótico, pero en Cuba parece haber perdido este carácter—quizás porque el ritual de la fertilización desapareció en un régimen de esclavitud, quizás también fuera reprimido por los amos por ser obsceno.

arriba: **ARCHIVO DE PRENSA LATINA,** *Baile afrocubano,* **1985**

Los bailes rituales de la cultura Yoruba, con sus complejos ritmos, colores y movimientos, son parte esencial de baile cubano. Cada deidad tiene su propio traje especial en un color particular, sus propios ritmos y gestos, y un golpe especial del tambor *batá*. Este baile está dedicado a *Babalú Ayé*—San Lázaro en la religión católica—el que sana a los enfermos.

derecha: MIGUEL VIÑAS, *Nuestra Señora de los Milagros, Cementerio de Colón*, 1993

Éste es un lugar favorito de peregrinación de las mujeres embarazadas o que tienen problemas para concebir, o que tienen algún niño enfermo. Es la tumba de Amelia Goiry Adot que murió de parto en 1902. Su marido, desolado por la pérdida de su esposa, fue al cementerio cada día durante cuarenta años a llorar por ella y puso en su tumba su estatua a tamaño natural en mármol de Carrara. Alrededor de Amelia se desarrolló un mito y fue asimilado por la Santería, que reconoce facultades milagrosas en un niño que muere al nacer. Cuando las personas visitan el cementerio, hombres y mujeres golpean en la tumba, la llaman y hablan con ella, pidiéndole que haga milagros. Cuando se van, caminan hacia atrás para no darle la espalda. Según la leyenda, Amelia fue enterrada a punto de dar a luz y cuando, según la costumbre católica, su cuerpo se exhumó para ser incinerado, estaba sosteniendo a su bebé en sus brazos.

derecha: ARCHIVO DE PRENSA LATINA, *Callejón de Hamel*, 1993

Famoso por sus rumbas, sus paredes y casas cubiertas de pinturas y graffiti, a menudo de escenas mitológicas y códigos secretos. El Callejón de Hamel, en el barrio habanero de Cayo Hueso, es un homenaje a las culturas española, africana y otras en Cuba. Es un increíble monumento viviente a las creencias y pasiones que tanto aportan a la cultura cubana.

arriba: **SERGIO ROMERO**, *Peregrino de San Lázaro*, 1992

derecha: **SERGIO ROMERO**, *Hombre con estatua de San Lázaro,* **1992**

Cada 17 diciembre, el día de San Lázaro, miles de personas se dirigen al Rincón, en las afueras de La Habana. Éste es el sitio del Leprosorio, el viejo hospital donde los pacientes con lepra y otras enfermedades incurables eran atendidos por médicos y monjes. A una iglesia cercana dedicada a San Lázaro los enfermos de la piel o con problemas al caminar vienen a cumplir penitencia por sus pecados. Esto se realiza arrastrándose en la iglesia, algunos sólo una distancia corta, otros incluso por millas y halando pesos para hacer su ruta aún más dura. El dios *Babalú Ayé*—San Lázaro en la religión católica—ayuda y protege a los pobres y sana a los enfermos.

La Habana surge entre cañaverales…
Llegan, palma y canela, los perfumes de América con raíces, la América de Dios, la América española, el paisaje de caja de tabacos, con negros sin drama, negros catedráticos que dicen "nosotros los latinos" y dicen "boberías" graciosas en una estampa donde los amarillos de Cádiz tienen un tono más subido, y las rosas de Sevilla, y los verdes de Granada. El Malecón, donde todavía, con "sus ojos gachos" paseaba una mañana por el muelle de La Habana la morena Trinidad.

FEDERICO GARCÍA LORCA, de su conferencia *"UN POETA EN NUEVA YORK"*

página anterior: SERGIO ROMERO, *Bandera al vuelo en el Carnaval,* **1987**

El Carnaval es una ocasión para que la gente revele todas sus pasiones y frustraciones en la calle, una catarsis eufórica.

izquierda: FRANCISCO BOU, *Mujer con puro en el Carnaval,* **1989**

Los carnavales de La Habana son parte de una larga tradición que empezó como una dispensa dada a los esclavos para divertirse. Junto con los de Río de Janeiro, los de La Habana y Santiago de Cuba son considerados los más exuberantes de las Américas por sus carrozas fantásticas, sus comparsas callejeras y su gran vivacidad. Incluso en los períodos de crisis, el carnaval de La Habana ha seguido siendo una expresión auténtica de cultura popular.

derecha arriba: SERGIO ROMERO, *Carnaval,* 1995

Muchos *habaneros* son fanáticos del Carnaval y pasan gran parte del año preparando sus trajes y las coreografías de sus comparsas. El orgullo local adquiere un tono muy competitivo.

derecha abajo: ABIGAIL GARCÍA, *La familia Buendía,* 1986

Una familia del barrio "El Juanelo" en La Habana, se dedicó a tiempo completo a enseñar a sus vecinos a hacer figuras de papier-mâché. Pronto el barrio revivió con mariposas, pájaros exóticos, máscaras exuberantes y, por supuesto, un museo especial para mostrar estas encantadoras obras de arte.

arriba: **FRANCISCO BOU,** *Hombre con cara blanqueada en el Carnaval,* **1989**

izquierda: **SERGIO ROMERO,** *Carnaval,* **1995**

Cada barrio tiene su propia comparsa y las más exuberantes son las de los viejos barrios de Regla y Guanabacoa, al otro lado del puerto, y Ataré en La Habana Vieja.

derecha: SERGIO ROMERO, *Carnaval*, 1985

página siguiente: OSVALDO SALAS, *Carnaval*, 1980

capítulo**cuatro**

personalidades y artistas

personalidades y artistas

Todos los que visitan La Habana quedan sorprendidos por la variedad y riqueza de la cultura cubana, los bailes, las artes plásticas, la literatura, el cine y su música. La música especialmente es parte esencial del cubano, una sensibilidad hacia la vida que contagia lo cotidiano. Es imposible imaginar a Cuba sin su música, sus ritmos, de la que buscan a menudo muchos músicos extranjeros para enriquecer sus propias obras.

Tríos que hacen música tradicional campesina en bares y restaurantes, jóvenes y enérgicos músicos de salsa en clubes nocturnos, pianistas solitarios con ofertas más reflexivas . . . parece que media ciudad estuviera comprometida en presentar uno u otro tipo de música. Quédese unos días y podrá también oír el jazz latino más sutil, orquestas de cuerdas que tocan obras de Ernesto Lecuona, o la orquesta sinfónica nacional que toca, el principal repertorio clásico europeo. Pronto se hace obvio que toda esta actividad creativa no florece solo por casualidad. La mayoría de estos músicos tienen una formacíon clásica y poseen una técnica sofisticada.

La música también influye fuertemente sobre la poesía cubana. Los ritmos y cadencias musicales llenan los poemas de Nicolás Guillén, Dulce María Loynaz, Cintio Vitier, Eliseo Diego y otros, quizás a Guillén más que a ninguno, fascinado por los ritmos conocidos como el *son*.

Con ingeniosidad y determinación los músicos superaron tremendos obstáculos. Los violinistas sustituyeron con éxito la cuerda para su instrumento con cable telefónico, cuando no conseguían nuevas cuerdas. Llegar a los ensayos y transportar instrumentos grandes de un lado al otro de la ciudad en los deteriorados autobuses de La Habana requiere tenacidad, y aún las personas *resuelven*, por amor a su arte.

Incluso las artes que dependen de equipos caros se las arreglan para mantener programas impresionantes. El ballet nacional se gana la vida haciendo giras internacionales la mayor parte del año y tiene una reputación de nivel mundial.

La industria del cine tiene una época más dura. Muy pocas películas se han hecho en los últimos diez años. No obstante, incluso en plena crisis económica, en 1993 Tomás Gutiérrez Alea (Titón) pudo hacer su bella película *Fresa y Chocolate*, un canto a la amistad en medio de todos los problemas de la vida diarla en La Habana.

Los pintores y escultores cubanos han creado fuertes tradiciones, particularmente desde los años treinta. René Portocarrero y Wifredo Lam son ahora parte de una tradición clásica y han sido seguidos por pintores como Amelia Peláez, Antonia Eiriz, Servando Cabrera, Manuel Mendive, Nelson Domínguez y toda una nueva generación de artistas jóvenes como Raúl Cordero y Belkis Ayón. Muchos venden sus trabajos con éxito en el mercado internacional. Considerando que muchos pintores cubanos salieron a trabajar en el extranjero en los noventa, ahora La Habana está empezando a atraer a artistas de toda América Latina.

Las artes no pueden prosperar sin tiempo libre ni la oportunidad de ser expuestas a un público y a influencias variadas. Mucho de lo que se ha logrado en los años recientes ha sido posible gracias a la creación en los sesenta de nuevas escuelas e institutos. El Instituto Superior de Arte, impulsado por Celia Sánchez, la Casa de las Américas, promovida por Haydée Santamaría, y el Instituto de Cine, ICAIC, son ejemplos importantes. Pero también lo es por el apoyo dado a la pintura y la música en el sistema escolar.

Cuando el poeta y dramaturgo español Federico García Lorca visitó La Habana en 1930 causó una gran impresión. Leyendo sobre su viaje uno se hace idea de que por esos días era bastante raro recibir la visita de un artista extranjero famoso.

La Habana está poniéndose de moda otra vez. Artistas extranjeros como Graham Greene, García Márquez, Rachmaninov, Wole Soyinka y Julio Cortázar han viajado calladamente a Cuba durante años. Ahora, directores de Hollywood, modelos de moda, coleccionistas de arte, bandas de rock y otros están abriéndose camino en cifras crecientes.

página anterior: MARÍA EUGENIA HAYA (MARUCHA), *La Peña de Sirique,* **1975**

Éste era un grupo de estilo tradicional, similar al de Buena Vista Social Club e igualmente bien conocido.

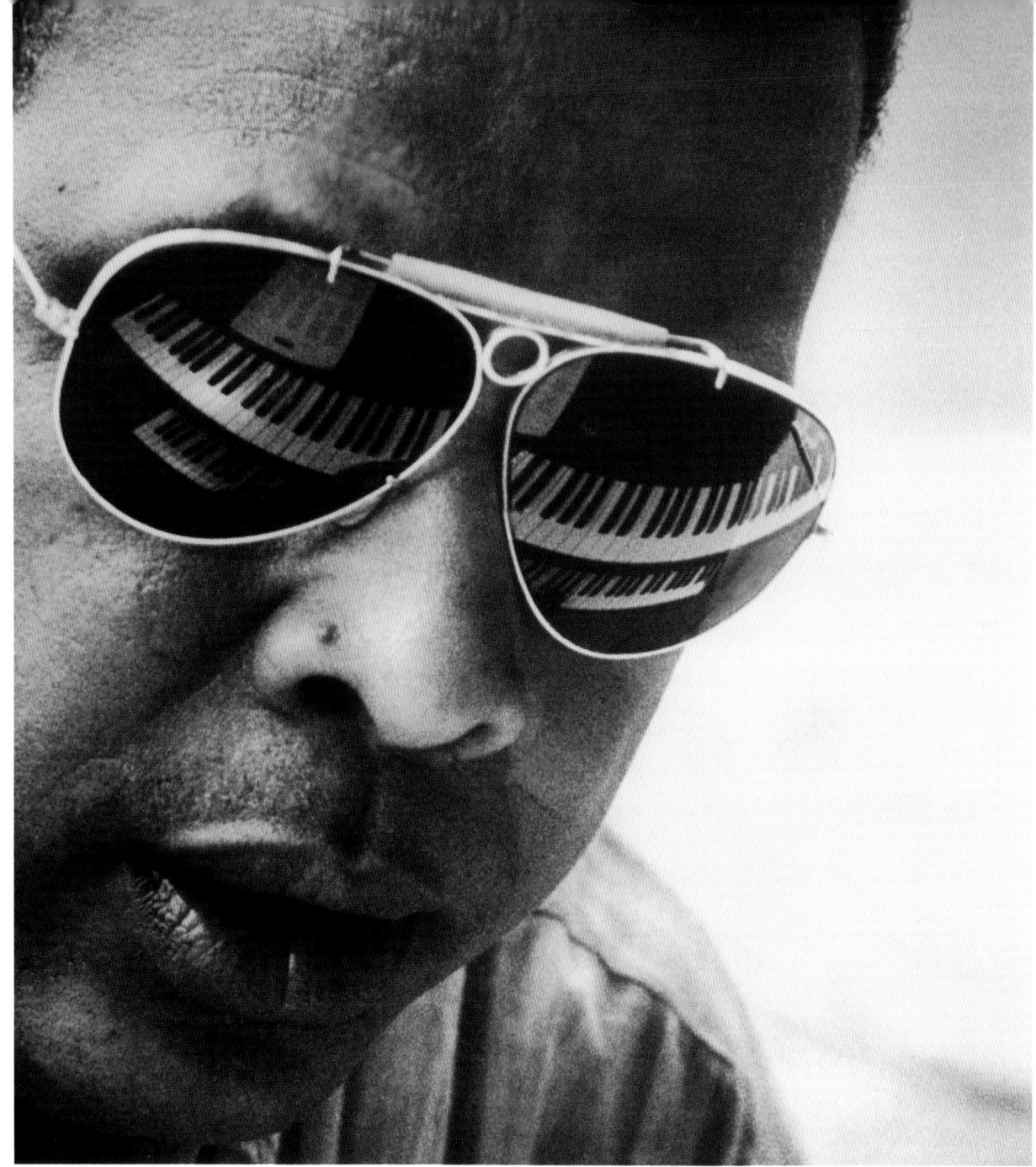

arriba: **ORLANDO MARTÍNEZ MAQUEIRA,** *Chucho Close-up,* **1991**

Chucho Valdés, uno de los grandes de la música cubana de todos los tiempos, ha llevado el Jazz Latino a nuevas alturas. Llegó a la fama con su grupo *Irakere*.

derecha arriba: **LUIS TOCA,** *Leo Brouwer,* **1985**

Leo Brouwer es un guitarrista, compositor y director de orquesta que trabaja varios géneros musicales. Aquí dirige al grupo de Jazz Latino *Irakere*.

derecha abajo: **LUIS TOCA,** *Enrique Pla,* **1993**

Enrique Pla es uno de los percusionistas más destacados de Cuba. Aquí aparece tocando durante el Festival de Jazz de La Habana.

personalidades y artistas

163

arriba: **OSVALDO SALAS**, *Trompetista*, 1987

La trompeta, que domina los ritmos de la música cubana más tradicional, es el instrumento perfecto para las improvisaciones del Jazz Latino.

derecha: **ARCHIVO DE BOHEMIA**, *Chano Pozo*, 1951

Chano Pozo, el maestro de la percusión de todos los tiempos, fue el Rey de la Rumba y sacó fuerzas de las raíces más variadas de la percusión cubana. Se fue de Cuba para los EE.UU. en los cincuenta y trabajó con éxito con los principales músicos americanos de la época.

página anterior: RAMÓN GRANDAL, *La Rumba,* **1974**

La rumba tiene raíces profundas en las tradiciones de África occidental y el sur de España. Durante muchos años existió al margen de la sociedad, y sólo se bailaba en los barrios más pobres. Los tambores de la rumba extraerían los sonidos y ritmos más increíbles golpeando cajas de madera. Después de 1959 la rumba se incorporó a los principales bailes populares.

arriba: LUIS TOCA, *Compay Segundo,* **1998**

Compay Segundo se hizo superestrella internacional en sus noventa cuando Buena Vista Social Club fue redescubierto.

izquierda: OSVALDO SALAS, *Tamborero,* **1975**

El tambor cubano, aparentemente simple, exige destreza, ritmo y magia para producir su rango impresionante de sonidos. Hecho de maderas especiales y de la piel curada del chivo, ha hecho famosos los ritmos cubanos en el mundo.

izquierda: CONSTANTINO ARIAS, *El bizco,* **1950**

Esta fotografía es un homenaje de Constantino Arias a todos esos músicos que tocan a la sombra de una orquesta, que sacan su corazón noche tras noche para ganar su pan diario. El contrabajista particularmente, que tiene que hallar cómo mover su pesado instrumento de un lugar a otro y cuya grave música es siempre el apoyo de instrumentos más extrovertidos, nunca ocupando el centro de la escena.

arriba: MARÍA EUGENIA HAYA (MARUCHA), *Músicos,* **1983**

Los músicos cubanos están a sus anchas, como el mito de Buena Vista Social Club le ha recordado al gran público. El más viejo de los músicos tenía más de 90 años cuando fueron redescubiertos. Desde que Buena Vista Social Club llegó a la fama en 1998, los músicos cubanos jóvenes están buscando "viejitos venerables" para darles credibilidad a sus grupos.

izquierda: **ARCHIVO DE BOHEMIA**, *Nat King Cole en el cabaret Tropicana*, 1957

En los cincuenta muchas estrellas americanas famosas, como Nat King Cole, actuaron en Tropicana. Pero mientras los negros podían ser famosos, en Cuba se discriminaban. Por ejemplo, un negro no podía hospedarse en el Hotel Nacional. Incluso el Presidente Batista, aliado en negocios a los EE.UU., fue excluido del Country Club por ser mulato.

arriba: **ARCHIVO DE LA BIBLIOTECA NACIONAL**, *Tropicana*, 1955

Promovido como "un Paraíso Bajo las Estrellas", el Cabaret Tropicana, con sus casinos, fue frecuentado por los mafiosos en la década del 50. Con su mezcla de glamour y kitsch, aunque pasado de moda, Tropicana sigue siendo un lugar de peregrinación para todos aquellos que sienten nostalgia de otra época.

derecha: ARCHIVO DE BOHEMIA, *Rita Montaner y Bola de Nieve,* **1951**

Ignacio Villa, conocido como *Bola de Nieve*, fue el principal *piano man*—término cubano que significa mucho más que simple pianista—de los cincuenta a los setenta. Tenía el don de improvisar y rehacer de una manera original las canciones viejas. Rita Montaner, que a menudo cantó con él, era llamada *La Única* por su voz maravillosa y su manera especial de cantar *El Manisero*.

arriba: MARÍA EUGENIA HAYA (MARUCHA), *Esperanza y Chevaro,* **1980**

Una pareja baila un danzón en el salón de baile El Liceo.

arriba: **MARÍA EUGENIA HAYA (MARUCHA)**, *La Peña de Sirique,* 1980.

Bailando al son de la música tradicional en La Peña de Sirique.

izquierda: **MARÍA EUGENIA HAYA (MARUCHA)**, *La Jueza,* 1983

Se dice que el danzón es el baile nacional cubano. Surgió hace más de dos siglos a partir de un baile anterior conocido como Contradanza, que procede de danzas rurales alemanas, inglesas y francesas, y sobre todo del minué.

El danzón hoy sigue evolucionando. Tuvo su lugar en los repertorios de las grandes orquestas cubanas de los cincuenta, y ahora inspira a los músicos de rock y heavy metal. Se toca con cuerdas, flauta, percusión, bajo tradicional o eléctrico, piano y voces.

La jueza en este concurso de danzones sostiene un abanico habanero. Los abanicos se usaron tradicionalmente por las mujeres cubanas para enviar mensajes sociales codificados.

derecha: OSVALDO SALAS, *Manuel Mendive,* 1986

Manuel Mendive es una figura importante en la pintura cubana, entre la generación de Amelia Peláez y Wifredo Lam, y el grupo que surgió en los setenta. Incorpora temas del arte africano en sus pinturas y presenta performances en los que pinta los cuerpos de los bailarines desnudos. Aquí se ha pedido a las hojas de su jardín que actúen para él.

Mendive vive y trabaja rodeado de animales, pájaros y flores en una finca lujuriante que él y sus amigos han desbrozado de un bosque en Tapaste, al sur de La Habana.

derecha: ARCHIVO DE PRENSA LATINA, *Wifredo Lam en el Salón de Mayo,* **1967**

Wifredo Lam, pintor de herencia china, africana y española, fue la figura más destacada de la pintura cubana a mediados del siglo veinte. Cuando joven, vivió por un tiempo en París, donde se unió al grupo de artistas que rodeaban al surrealista francés André Breton. Cuando Breton visitó a Lam en Cuba se dice que comentó: "En verdad este país es demasiado surreal para vivir". De Lam, Breton comentó que "ha descubierto el secreto de unificar percepción física con representación mental".

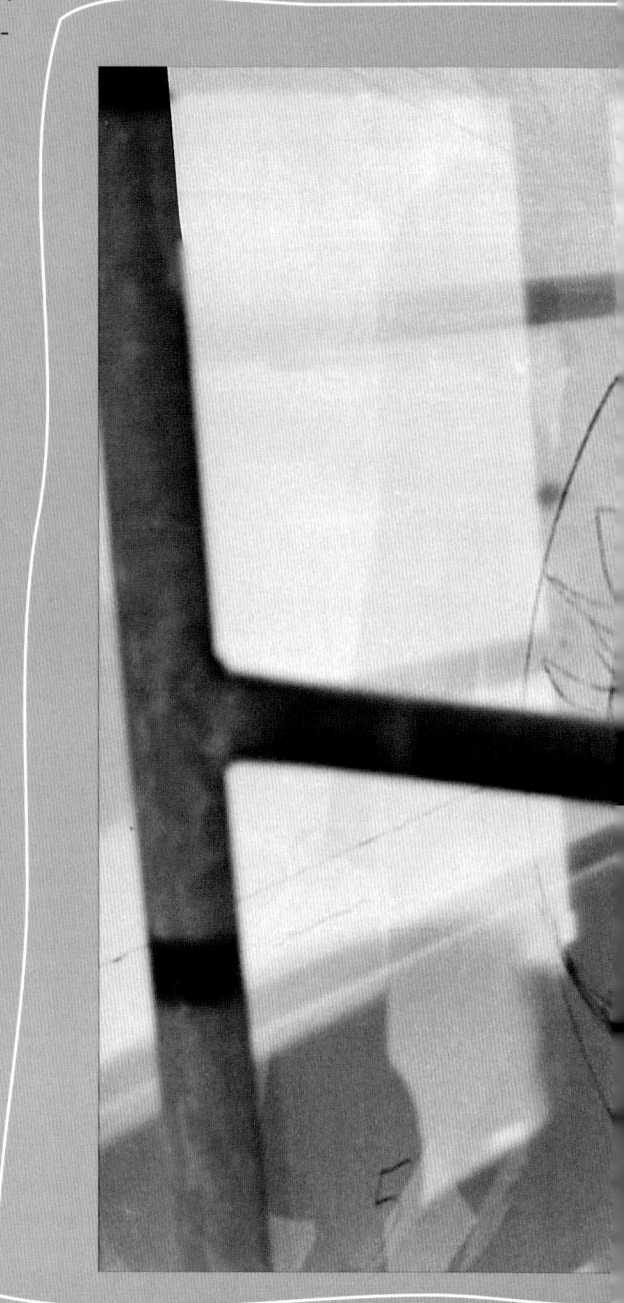

Amo los bares y tabernas
junto al mar,
donde la gente charla y bebe
sólo por beber y charlar.
Donde Juan Nadie llega y pide
su trago elemental,
y están Juan Bronco y Juan Navaja
y Juan Narices y hasta Juan
Simple, el sólo, el simplemente
Juan.

Allí la blanca ola
bate de la amistad;
una amistad de pueblo, sin retórica,
una ola de ¡hola! y ¿cómo estás?
Allí huele a pescado,
a mangle, a ron, a sal
y a camisa sudada puesta a secar al sol.

Búscame, hermano, y me hallarás
(en La Habana, en Oporto,
en Jacmel, en Shanghai)
con la sencilla gente
que sólo por beber y charlar
puebla los bares y tabernas
junto al mar.

NICOLÁS GUILLÉN, *"BARES"*

izquierda: **OSVALDO SALAS,** *Nicolás Guillén,* **1979**

Nicolás Guillén, el laureado poeta de Cuba, murió en 1990 a los 87 años.

Isla mía, ¡qué bella eres y qué dulce!…
Tu cielo es un cielo vivo,
todavía con un calor de ángel, con un envés de estrella…

Eres deleitosa como la fruta de tus árboles,
como la palabra de tu Apóstol.
Hueles a pomarrosa y a jazmín;
hueles a tierra limpia, a mar, a cielo.

DULCE MARÍA LOYNAZ, de "*POEMAS SIN NOMBRE, POEMA LXXV*", *1953*

derecha arriba: LIBORIO NOVAL, *Gabriel García Márquez y Haydée Santamaría,* **1976**

El novelista colombiano Gabriel García Márquez, ganador del Premio Nobel, ha sido durante muchos años un asiduo visitante de La Habana, donde tiene casa. Autor de *Cien Años de Soledad*, *El amor en los Tiempos del Cólera* y muchas otras novelas, desarrolló el estilo del realismo mágico latinoamericano. Es un íntimo amigo de Fidel Castro.

Aquí está en conversación con Haydée Santamaría en el centro cultural Casa de Las Américas, del que ella fue presidenta. Ella fue una de las fundadoras del movimiento revolucionario. Participó con Fidel Castro en el ataque al cuartel Moncada de Santiago de Cuba en 1953.

derecha abajo: ARCHIVO DE PRENSA LATINA, *Dulce María Loynaz y Alicia Alonso,* **1993**

Dulce María Loynaz es saludada por la *prima ballerina* de Cuba Alicia Alonso a su regreso de Madrid en 1993, donde había recibido el Premio Cervantes de Literatura en reconocimiento por su poesía. Nació en 1902 y fue la primera hija de Enrique Loynaz del Castillo, un general del Ejército de Liberación que luchó contra los españoles en la Guerra de Independencia de 1895-98. Dulce María Loynaz murió en 1997. Cuando el poeta y dramaturgo español Federico García Lorca viajó a Cuba en 1930 visitó frecuentemente la casa de los Loynaz.

izquierda: RAMÓN PACHECO, *Tomás Gutiérrez Alea (Titón) con Mirtha Ibarra en el set de Cartas del Parque,* 1988

Tomás Guttiérez Alea (*Titón*) fue el cineasta más talentoso y exitoso de Cuba. Aprendió su oficio en Italia en los cincuenta y el humor sutil en sus películas recuerda el del cine italiano de postguerra. Tuvo una influencia decisiva en el nuevo cine latinoamericano.

La carrera de Titón se extendió por tres décadas. Su *Memorias del Subdesarrollo* (1968) trata la angustia de un joven cubano de clase media que vive en La Habana en los primeros años de la Revolución. Su penúltima película, *Fresa y Chocolate* (1993), abrió un nuevo camino por su delicado retrato de la amistad entre un esteta gay y un joven miembro del partido que se encuentran en la heladería Coppelia frente al hotel Habana Libre. En estos y otros filmes Titón presenta una visión afectuosa, irónica, pero crítica de la vida en La Habana. Titón, quien murió en 1996, estuvo casado con la actriz Mirtha Ibarra, protagonista femenina en *Fresa y Chocolate*. Esta fotografía se tomó en el set de *Cartas del Parque*, basado en un guión inspirado por una historia de Gabriel García Márquez.

izquierda: **MIGUEL VIÑAS,** *Teófilo Stevenson,* **1979**

Teófilo Stevenson es el hombre que pudo haber derrotado al gran Muhammad Alí, tal como Alí reconoció en una de sus visitas a Cuba. En 1972, a los 20 años, ganó el título de los pesos completos en las Olimpiadas de Munich, repitiendo su éxito en 1976 y 1980.

    Stevenson procede de una familia de inmigrantes del este de Cuba. Aprovechó los primeros entrenamientos dados a los jóvenes talentosos por el gobierno de Castro y fue a entrenar a La Habana cuando tenía trece años. Se convirtió en el primer gran héroe de los deportes de la Revolución, rechazando muchas ofertas de promotores americanos de abandonar Cuba.

arriba: **PERFECTO ROMERO,** *Kid Chocolate viejo,* **1989**

Kid Chocolate, el campeón de los pesos plumas Eligio Sardiñas, fue el primer gran boxeador de Cuba y brilló en este deporte en los años treinta.

José González Álvarez *(Tito Álvarez)* n. La Habana, 1916. Realizó sus primeros estudios en el Club Fotográfico de Cuba. Ha realizado muchas exposiciones individuales en Cuba, América Latina y Europa.

Constantino Arias Miranda La Habana, 1920–1991. Trabajó como foto-reportero para la *Agencia Gráfica* en 1939–40 y para la revista *Bohemia* en 1941–81. Fue también el fotógrafo oficial del Hotel Nacional de La Habana durante esos años (1941–67) y trabajó para las revistas *Alma Mater* y *La Calle* y para una agencia publicitaria norteamericana. Antes de 1959 muchas de sus fotos reflejaron las diferencias en las condiciones de vida. Desde 1960 trabajó para varias revistas, incluyendo *Bohemia*. Realizó exposiciones individuales en Cuba.

Francisco Bou n. La Habana, 1940. Se ha especializado en fotografía publicitaria y artística y su carpeta incluye trabajos para compañías y revistas extranjeras como *Marie Claire* y *Dunia*. Desde 1986 ha trabajado como foto-reportero para la revista *Cine Cubano* del Instituto Cubano de Arte e Industria Cinematográficos (ICAIC). Fue director de la Fototeca del Gran Teatro de La Habana (1989–91). Ha realizado exposiciones individuales en Cuba y España.

Iván Darío Cañas Boix n. La Habana, 1946. Recibió entrenamiento en fotografía y diseño y estudió periodismo en la Universidad de La Habana (1979–83). Trabajó como fotógrafo para la revista *Cuba* (1968–80), como jefe de publicidad y relaciones públicas del Complejo Cultural *Mella* en La Habana (1980–1991) y como fotógrafo para la editorial *América*, Miami, EE.UU. (1993–96). Ha realizado exposiciones individuales en Cuba, América Latina, Europa, Japón, Canadá y los Estados Unidos.

Raúl Corral Fornos *(Corrales)* n. Ciego de Ávila, 1925. De 1944 al 59 trabajó en La Habana como fotógrafo para *Cuba-Sono-Films, Noticias de Hoy, Prensa Obrera de Cuba, América Deportiva, Última Hora, Bohemia* y *Carteles*, y como director de fotografía de la publicitaria *Siboney*. En 1959 fue nombrado director del Departamento de Fotografía del Instituto Nacional de Reforma Agraria (INRA) y fotógrafo acompañante de Fidel Castro. De 1959 al 62 trabajó como fotógrafo para *Revolución* y editor fotográfico de la revista *Cuba*. De 1962 al 91 fue jefe de la Sección de Fotografía de la Academia de Ciencias de Cuba y de la sección de microfilmes y fotografía de la oficina de Asuntos Históricos del Consejo de Estado. Ha realizado exposiciones individuales en Cuba.

Mario Díaz n. Provincia de Holguín, 1950. Trabajó en el Ministerio de Cultura de 1979 al 85. Ha impartido clases en México y Brasil y ha realizado exposiciones individuales en Cuba, Brasil y México. De 1994 a 2000 fue Director de la Fototeca Nacional de Cuba.

Luis Fernández *(Pirole)* La Habana, 1947–1993. Formado como periodista, trabajó como fotógrafo para las revistas *Revolución y Cultura* y *Cuba Internacional*.

Alberto Díaz Gutiérrez *(Korda)* La Habana, 1928–2001. Estudió periodismo y comercio y estableció su propio estudio fotográfico, *Estudios Korda* en 1956. Adoptó el seudónimo Korda de los cineastas húngaros Alexander y Zoltan Korda, anticipando que esto haría recordar "Kodak" a sus clientes. Se especializó en fotografía de moda hasta 1959, en que comenzó a colaborar activamente con la revista *Revolución*. En ese mismo año él acompañó a Fidel Castro a Venezuela y los Estados Unidos y continuó acompañándolo en sus jornadas alrededor de Cuba y sus viajes en el extranjero hasta 1968. Desarrolló un estilo épico de capturar imágenes de la revolución y en 1961 toma la famosa fotografía de Che Guevara que se vendió como un cartel por el mundo, que es probablemente la fotografía más reproducida en la historia. Exhibió ampliamente en Cuba, América Latina, Europa y los EE.UU.

José Alberto Figueroa Daniel n. La Habana, 1946. Empezó su carrera como ayudante de Alberto Korda de 1964 a 68. Trabajó como foto-reportero para la revista *Cuba Internacional* de 1969 a 76 y luego como camarógrafo en el Departamento de Cinematografía del Ministerio de Educación mientras estudiaba periodismo en la Universidad de La Habana. Sirvió como corresponsal de guerra en Angola en 1982. Su trabajo se ha exhibido colectiva e individualmente en exposiciones a lo largo de Europa, las Américas, Australia y Japón.

Miguel Fleitas Suárez n. La Habana, 1956. Entrenado como camarógrafo de cine antes de especializarse en fotografía. Su serie de fotografías en el río Almendares y sobre la vida de los pescadores que parten de su estuario ha ganado varios premios.

Abigaíl García Fayat n. La Habana, 1964. Comenzó su trabajo en 1984 en los estudios de cine de las fuerzas armadas cubanas, pasando en 1985 al Instituto Cubano de Arte e Industria Cinematográficos (ICAIC) como fotógrafa. Ha realizado exposiciones individuales en Cuba.

Leovigildo González n. La Habana, 1943. Inició su trabajo como fotógrafo autodidacto a los dieciséis años. Entre 1961 y 1971 trabajó para el Instituto de Cartografía y de 1971–75 en el equipo de redacción del Instituto Cubano del Libro. Estudió fotografía en colores en Alemania en 1975 y trabajó como foto-reportero en la guerra de Angola en 1977. Sus fotografías han aparecido en muchas publicaciones cubanas y en portadas de música.

Ramón Grandal n. La Habana, 1950. Estudió en la Escuela Libre de Artes Plásticas de 1963–65 y en el Museo de Bellas Artes en 1970. Trabajó como fotógrafo para la revista *Revolución y Cultura* de 1972–86, antes de especializarse en fotografía de moda y publicitaria. Ha realizado exposiciones individuales en Cuba y Suiza.

Orlando Martínez Maqueira n. La Habana, 1942. Empezó trabajando como foto-reportero y diseñador en 1965. Trabaja actualmente para la revista *Bohemia*. Ha trabajado frecuentemente fuera de Cuba y ha realizado diez exposiciones individuales.

María Eugenia Haya Jiménez *(Marucha)* La Habana, 1944–1991. Estudió animación e historia de la fotografía en el Instituto Cubano de Arte e Industria Cinematográficos (ICAIC) de 1961–63. Obtuvo un grado en Filología en la Universidad de La Habana en 1978. Trabajó como investigadora y redactora adjunta de guiones para tres películas cubanas y como curadora de exposiciones fotográficas y de pintura. De 1986–91 fue Directora de la Fototeca de Cuba y en 1988 editó *Cuba: la Fotografía de los años sesenta*. Realizó exposiciones individuales en Cuba.

Liborio Noval n. La Habana 1934. Empezó su trabajo como investigador de mercado en 1953, luego trabajó como fotógrafo publicitario de 1957–1960. Se unió al personal de *Revolución* en enero de 1959. Fundó el periódico nacional *Granma* en 1965, donde todavía trabaja. Ha realizado exposiciones individuales en Cuba, Europa y América Latina. Ha realizado tres libros con sus fotografías publicados y fotografías suyas han aparecido en otros nueve libros.

Ramón Pacheco Salazar n. Las Villas, 1954. Trabajó como foto-reportero para las fuerzas armadas de 1975–80 y seguidamente para la revista *Girón* en la provincia de Matanzas. Ha realizado exposiciones personales en Cuba y Europa.

Celso Rodríguez Rodríguez n. La Habana, 1951. Empezó su trabajo como foto-reportero para la agencia *Prensa Latina* en 1967. Ha trabajado para muchas publicaciones cubanas, extranjeras y de las Naciones Unidas. Sus fotografías han aparecido en varios libros, entre ellos *Hemingway en Cuba* y *Chano Pozo*. Trabajó como fotógrafo de guerra en Angola y Etiopía.

Perfecto Romero n. Cabaiguán, Sancti Spíritus, 1936. Empezó su trabajo como fotógrafo en 1955. Ese mismo año se unió al Movimiento 26 de Julio. Se internó con otros jóvenes en las montañas del Escambray esperando encontrar a Che Guevara para unirse a su grupo de guerrilleros. Aunque no llevaba ningún arma, tenía una cámara y Guevara lo aceptó como su fotógrafo de guerra. Después de la revolución de 1959 trabajó para la revista *Verde Olivo* de las Fuerzas Armadas y continuó trabajando estrechamente con Che Guevara cuando fue Ministro de Industrias. Se especializó en fotografía submarina. Ha expuesto individualmente en Cuba, Europa y América Latina. Sus fotografías han aparecido en nueve libros.

Rigoberto Romero La Habana, 1947–1995. Trabajó desde 1970 como fotógrafo para el Instituto Cubano del Libro y luego para varias publicaciones culturales.

Sergio Romero n. Cienfuegos, 1955. Ha trabajado para muchas publicaciones cubanas, incluidas *Cine Cubano*, *Prisma* y *Revolución y Cultura* y ha cubierto muchos eventos culturales. Desde 1992 se especializa en diseño y trabajo de publicidad para modas, turismo y para varias compañías, incluyendo compañías de música. Ha realizado muchas exposiciones individuales en Cuba.

Osvaldo Salas Merino La Habana, 1914–91. Trabajó como fotógrafo en Nueva York de 1947–58 para varias publicaciones en idioma español. Volvió a Cuba en 1959, trabajó para *Revolución* y dirigió su sección fotográfica de 1962–65. Luego pasó al nuevo periódico *Granma*. Publicó diez libros de fotografía. Realizó exposiciones individuales en Cuba, Europa, la Unión Soviética, Vietnam y América Latina.

Roberto Salas Merino n. Bronx, N.Y., EE.UU., 1940. Empezó su trabajo en 1956 en el estudio de su padre en Nueva York. Volvió a Cuba en 1959 y trabajó para *Revolución*. Entre 1960–67 trabajó para varias revistas, incluyendo la del Instituto Nacional de Reforma Agraria, *Cuba* y *Granma*. Fue fotógrafo de guerra en Vietnam en 1966–67 y de nuevo en 1972–73. Ha realizado exposiciones individuales en Cuba, Camboya, África, Vietnam, Europa, América Latina, Mongolia, EE.UU. y Jamaica.

Alfredo Sarabia Domínguez La Habana, 1951–1992. Trabajó como fotógrafo para el Ministerio de Industria Básica de 1975–84. Realizó exposiciones individuales en Cuba y México.

Isabel Sierra n. La Habana, 1958. Graduada de literatura e idioma francés. Presidente de la sección de fotografía de la Casa de Cultura de La Habana Vieja. Ha realizado tres exposiciones individuales, incluyendo su ensayo fotográfico sobre el Barrio Chino de La Habana.

Luis Toca Camejo n. Habana, 1941. Trabajó como fotógrafo de deportes y noticias de 1963–75 y como corresponsal de guerra en Angola, Nicaragua, el Sahara Occidental y Afganistán.

Miguel Viñas Fuentes n. La Habana, 1936. Trabajó como técnico de laboratorio y fotógrafo de arquitectura de 1952–59, cuando se unió al equipo de la agencia recientemente formada *Prensa Latina*. Ha viajado ampliamente como fotógrafo acompañante del Presidente Fidel Castro y ha publicado sus fotografías en muchas revistas y periódicos cubanos.

Agencia Prensa Latina Creada en 1959 por Ernesto Che Guevara y el argentino Jorge Ricardo Massetti. *Prensa Latina* es una agencia informativa cuyo objetivo es difundir información sobre la Revolución cubana internacionalmente. Tuvo el objetivo especial de coordinar el intercambio de información entre los países de América Latina y el mundo en vías de desarrollo, en un esfuerzo para combatir el monopolio de la información por las corporaciones internacionales de medios de comunicación. Tiene un archivo fotográfico excelente, fruto del trabajo de sus corresponsales en Cuba y a lo largo del mundo.

Fototeca Nacional de Cuba La Biblioteca Fotográfica Nacional se creó bajo los auspicios del Ministerio de Cultura en 1986, con el objetivo de organizar los archivos de fotógrafos cubanos desde fines del Siglo 19. También contiene colecciones importantes de fotos de fotógrafos de América Latina, Estados Unidos y Europa que han montado exposiciones en su galería. Cada año la Fototeca organiza exposiciones, talleres y concursos. Su primer director fue Constantino Arias.

Revista Bohemia Fundada en 1908 por Ángel de Miguel Quevedo, la revista *Bohemia* comenzó su vida como revista cultural. Luego amplió su espectro a noticias nacionales e internacionales en lo político, económico, cultural y deportivo, además de sus famosas páginas sociales. Fue nacionalizada en 1960. Tiene un archivo fotográfico excelente cuyos temas fuertes son la vida social, política y cultural de Cuba sobre todo de La Habana. Fotógrafos como Constantino Arias, Osvaldo Salas, Raúl Corrales y Alberto Korda están representados.

Biblioteca Nacional de Cuba La Biblioteca Nacional de Cuba se fundó en 1901 bajo la dirección de Domingo Figarola Caneda. Se situó originalmente en el Castillo de la Real Fuerza. En 1958 se mudó a la recientemente construida Plaza Cívica, hoy Plaza de la Revolución. Entre sus directores han estado el historiador Dr. Julio Le Riverend y la Dra. María Teresa Freire. El etnólogo Don Fernando Ortiz estuvo muchos años estrechamente asociado a la biblioteca. Tiene un archivo fotográfico importante.

créditos de las imágenes

p2 © 2002 Osvaldo Salas, ADAVIS; p9 © 2002 Tito Alvarez, ADAVIS; pp12–13 © 2002 Miguel Viñas, ADAVIS; p17 © 2002 Osvaldo Salas, ADAVIS; p18 © 2002 Luis Fernández (Pirole), ADAVIS; p19 © 2002 Isabel Sierra, ADAVIS; p20 © 2002 Celso Rodríguez, ADAVIS; p21 © 2002 Sergio Romero, ADAVIS; p22 © 2002 Constantino Arias, ADAVIS; p24–25 © 2002 Sergio Romero, ADAVIS; p27 © 2002 Sergio Romero, ADAVIS; pp28–29 © 2002, Revista Bohemia; p30 © 2002 Constantino Arias, ADAVIS; p31 © 2002 Francisco Bou, ADAVIS; p32 © 2002 Sergio Romero, ADAVIS; pp34–35 © 2002 Agencia Prensa Latina; p36 © 2002 Sergio Romero, ADAVIS; p37 top © 2002 Sergio Romero, ADAVIS; bottom © 2002 Sergio Romero, ADAVIS; pp38–39 © 2002 Constantino Arias, ADAVIS; p40 © 2002 Tito Alvarez, ADAVIS; p41 © 2002 Rigoberto Romero, ADAVIS; p42 © 2002 Sergio Romero, ADAVIS; p43 © 2002 Sergio Romero, ADAVIS; p44 © 2002 Liborio Noval, ADAVIS; p45 © 2002 Iván Cañas, ADAVIS; p46 © 2002 Francisco Bou, ADAVIS; p47 © 2002 Leovigildo González, ADAVIS; p48 © 2002 Osvaldo Salas, ADAVIS; pp50–51 © 2002 Mario Díaz, ADAVIS; p52 © 2002 Sergio Romero, ADAVIS; p53 © 2002 José Alberto Figueroa, ADAVIS; pp54–55 © 2002 Osvaldo Salas, ADAVIS; p56 top © 2002 Biblioteca Nacional de Cuba; bottom © 2002 Biblioteca Nacional de Cuba; p58 © 2002 Revista Bohemia; p59 © 2002 Sergio Romero, ADAVIS; p60 © 2002 Miguel Viñas, ADAVIS; pp62–63 © 2002 Revista Bohemia; p65 © 2002 Agencia Prensa Latina; pp66–67 © 2002 Perfecto Romero, ADAVIS; p70 © 2002 Revista Bohemia; pp72–73 © 2002 Perfecto Romero, ADAVIS; pp74–75 © 2002 Perfecto Romero, ADAVIS; p77 © 2002 Roberto Salas, ADAVIS; p78 © 2002 Perfecto Romero, ADAVIS; p79 © 2002 José Alberto Figueroa, ADAVIS; pp80–81 © 2002 Perfecto Romero, ADAVIS; p83 © 2002 Agencia Prensa Latina; pp84–85 © ADGP, Paris y DACS, London 2002; pp86–87 © ADGP, Paris y DACS, London 2002; p89 © ADGP, Paris y DACS, London 2002; p90 © 2002 Perfecto Romero, ADAVIS; pp92–93 © 2002 Raúl Corrales, ADAVIS; pp94–95 © 2002 Raúl Corrales, ADAVIS; pp96–97 © 2002 Osvaldo Salas, ADAVIS; p98 © ADGP, Paris y DACS, London 2002; p100 y p101 © 2002 Raúl Corrales, ADAVIS; p102 © 2002 Agencia Prensa Latina; p104 © 2002 Osvaldo Salas, ADAVIS; p105 © 2002 Perfecto Romero, ADAVIS; pp106–107 © 2002 Osvaldo Salas, ADAVIS; p108 © 2002 Agencia Prensa Latina; p109 © 2002 María Eugenia Haya (Marucha), ADAVIS; pp110–111 © 2002 Osvaldo Salas, ADAVIS; p112 © 2002 Perfecto Romero, ADAVIS; p113 © 2002 Osvaldo Salas, ADAVIS; p115 © 2002 Osvaldo Salas, ADAVIS; p116 © 2002 Osvaldo Salas, ADAVIS; p117 © ADGP, Paris y DACS, London 2002; pp118–119 © 2002 Osvaldo Salas, ADAVIS; p121 © 2002 Osvaldo Salas, ADAVIS; p122 © 2002 Francisco Bou, ADAVIS; p123 © 2002 Mario Díaz, ADAVIS; pp124–125 © 2002 Revista Bohemia; p128 © 2002 Tito Alvarez, ADAVIS; p129 © 2002 Tito Alvarez, ADAVIS; p130 © 2002 Francisco Bou, ADAVIS; p131 © 2002 Tito Alvarez, ADAVIS; p132 © 2002 Agencia Prensa Latina; p133 top © 2002 Miguel Fleitas, ADAVIS; bottom © 2002 Sergio Romero, ADAVIS; p134 © 2002 María Eugenia Haya (Marucha), ADAVIS; p135 © 2002 Alfredo Sarabia, ADAVIS; p136 © 2002 Biblioteca Nacional de Cuba; p137 © 2002 Francisco Bou, ADAVIS; p139 © 2002 Francisco Bou, ADAVIS; p140 © 2002 Agencia Prensa Latina; p141 © 2002 Agencia Prensa Latina; p142 © 2002 Miguel Viñas, ADAVIS; p143 © 2002 Agencia Prensa Latina; p144 © 2002 Sergio Romero, ADAVIS; pp144–145 © 2002 Sergio Romero, ADAVIS; pp146–147 © 2002 Sergio Romero, ADAVIS; p148 © 2002 Francisco Bou, ADAVIS; p151 top © 2002 Sergio Romero, ADAVIS; bottom © 2002 Abigail García, ADAVIS; p152 © 2002 Sergio Romero, ADAVIS; p153 © 2002 Francisco Bou, ADAVIS; pp154–155 © 2002 Sergio Romero, ADAVIS; pp156–157 © 2002 Osvaldo Salas, ADAVIS; pp158–159 © 2002 María Eugenia Haya (Marucha), ADAVIS; p162 © 2002 Orlando Martínez Maqueira, ADAVIS; p163 top © 2002 Luis Toca, ADAVIS; bottom © 2002 Luis Toca, ADAVIS; p164 © 2002 Osvaldo Salas, ADAVIS; p165 © 2002 Revista Bohemia; pp166–167 © 2002 Ramón Grandal, ADAVIS; p168 © 2002 Osvaldo Salas, ADAVIS; p169 © 2002 Luis Toca, ADAVIS; p170 © 2002 Constantino Arias, ADAVIS; p171 © 2002 María Eugenia Haya (Marucha), ADAVIS; p172 © 2002 Revista Bohemia; p173 © 2002 Biblioteca Nacional de Cuba; p174 © 2002 María Eugenia Haya (Marucha), ADAVIS; p175 © 2002 Revista Bohemia; p176 © 2002 María Eugenia Haya (Marucha), ADAVIS; p177 © 2002 María Eugenia Haya (Marucha); ADAVIS; pp178–179 © 2002 Osvaldo Salas, ADAVIS; pp180–181 © 2002 Agencia Prensa Latina; p182 © 2002 Osvaldo Salas, ADAVIS; p185 top © 2002 Liborio Noval, ADAVIS; bottom © 2002 Agencia Prensa Latina; pp186–187 © 2002 Ramón Pacheco, ADAVIS; p188 © 2002 Miguel Viñas, ADAVIS; p189 © 2002 Perfecto Romero, ADAVIS.